EMILIO OROZCO DIAZ

# LA CARTUJA DE GRANADA

*Fotografías:* Oronoz, con la colaboración de Miguel Sánchez

*Dirección artística:* E. Marcos Vallaure

## Editorial Everest, S. A.

MADRID • LEÓN • BARCELONA • SEVILLA • GRANADA • VALENCIA
ZARAGOZA • BILBAO • LAS PALMAS DE GRAN CANARIA • LA CORUÑA
PALMA DE MALLORCA – MÉXICO • BUENOS AIRES

TERCERA EDICION

© by EDITORIAL EVEREST S. A.
Carretera León-Coruña, Km. 5 - LEON (España)
I.S.B.N. - 84 - 241 - 4787 - I
Depósito legal: LE 504 1982
Reservados todos los derechos
Prohibida la reproducción total o parcial de cualquiera de las partes de este libro.
Printed in Spain - Impreso en España

EVERGRAFICAS, S. A. - Carretera León-Coruña, Km. 5 - LEON (España)

# LA CARTUJA DE GRANADA

## SIGNIFICACION DE LA CARTUJA EN EL PANORAMA ARTISTICO GRANADINO

Es indiscutible que en la significación artística de Granada es la Alhambra el conjunto arquitectónico más profundamente incorporado a su vida y paisaje y de una mayor universalidad; pero no es menos verdad que la visión de lo que espiritual y estéticamente representa Granada en el mundo del arte resultaría no sólo incompleta, sino incluso errónea, si quisiéramos interpretarlo sólo a través de la gran maravilla de esos palacios y jardines islámicos. El panorama artístico granadino hay que enfocarlo desde tres ángulos estilísticos: el musulmán, el renacentista y el barroco. En parte ese enfoque se entrecruza para descubrirnos otra faz más oculta, que es la de su arte morisco, algo también típico de lo granadino que nos emociona, sobre todo, en las iglesias mudéjares de su Albaicín, donde, además, enlazado con el paisaje persiste como síntesis de lo islámico y lo occidental, el conjunto recogido de casa, huerto y jardín que constituyen los cármenes. Los monumentos en que dichos estilos hablan con más intensa expresividad son, de una parte, la Alhambra y el Generalife; de otra la Capilla Real, la Catedral y el Palacio

**1.** *Vista del Monasterio y su entorno hace cincuenta años.*

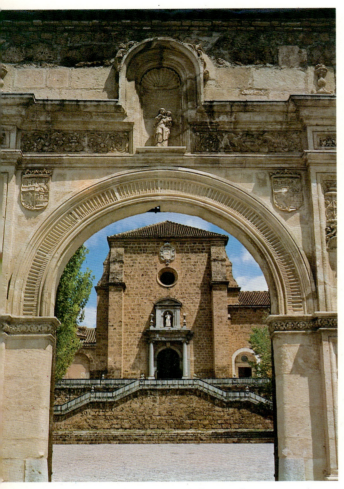

**2.** *Portada plateresca de entrada al recinto.*

de Carlos V; y por último del Barroco, la Cartuja, aunque en ella lo correspondiente a dicho estilo sea sólo una parte; pero la más importante.

Precisamente porque Granada no vivió una Edad Media cristiana pudo ofrecer el mejor ambiente, sin el peso del goticismo, para que arraigara temprana y briosamente el estilo grecorromano renacentista. Y temprano se manifiesta también el Barroco, pues, a través de la suntuosa fachada manierista de la Chancillería, sorprendemos los primeros gestos de barroquismo en la arquitectura andaluza. Y lo característico granadino será, no sólo el gran florecer del Barroco, sino el que sobreviva con potencia y vitalidad a través de casi todo el siglo XVIII, lo mismo en las artes que en la poesía y en la oratoria sagrada. En este sentido el más expresivo testimonio nos lo ofrecen precisamente el *Sagrario* y la *Sacristía* de la Cartuja, monumento éste que, por otra parte, nos ofrece la más completa trayectoria de los estilos artísticos occidentales que se pueden encontrar en Granada; desde el último y más puro gótico que aquí se construyó, hasta el frío neoclásico, de la portada de su iglesia, que tan escasa presencia tuvo en la ciudad. Sobre esta significación de síntesis de estilos —y también de las artes— se une aquella de ofrecer la culminación del barroco andaluz, que, en buena parte, supone la expresión del espíritu religioso exaltado del ascetismo y misticismo que como en pocas Ordenes se realiza en la vida cartujana.

Esa trayectoria de la evolución artística que en gran parte representó la construcción de esta Cartuja, queremos seguirla, en lo posible, en esta exposición histórico-descriptiva del conjunto monumental; pero por la razón de ser expresiva de ese doble proceso: de la evolución estilística —de lo estático y sobrio, a lo dinámico y exuberante de las formas— y de la exaltación de la espiritualidad religiosa.

Es dicho orden, además, el que en líneas generales se sigue hoy al visitar el monasterio. Destruido el claustro principal de los monjes, se tiene acceso por el pequeño claustro —el *claustrillo*— que, como todas las cartujas —según el modelo de la casa madre—, es al que abren las dependencias generales —refectorio, salas de Capítulo de monjes y de legos y algunas capillas—, sobrias de traza y decoración, obras todas ellas del siglo XVI y, en menor parte, de comienzos del XVII. Desde ese *claustrillo* se pasa a la Iglesia, edificación ya de este siglo, pero con una sobreabundante decoración de la segunda mitad de la misma centuria. En este sentido diríamos que seguimos un proceso o acción dramática, de creciente intensidad y teatralización; pues, tras del templo, penetramos, al final de su cabecera, por un gran arco encristalado, medio oculto por el deslumbrante baldaquino del presbiterio, en el *Sagrario* o *Sancta Sanctorum* —la gran obra de Hurtado Izquierdo de comien-

**3.** *Exterior de la iglesia, vista desde el compás de entrada. A la izquierda, cubierta de la cúpula de la Sacristía.*

zos del siglo XVIII— donde bajo una luz de penumbra, en una total agitación de las formas, brillan oros y relumbran mármoles de distintos colores, con movidas figuras y desbordante decoración; pero impulsando todo su dinamismo a la concentración contemplativa en torno al tabernáculo que, como una gran custodia, se levanta hacia una cúpula de luminosa visión celestial. Y por último nos dirigimos a la Sacristía —obra de mediados de dicho siglo—, que se nos descubre de improviso, al abrir sus puertas —con la teatralidad del telón que se levanta— y nos coloca ante un luminoso ámbito lleno de blancura en el que todo vibra y fluye de formas y molduras de abstracto dibujo, que nos comunican la sensación de que todo se mueve incesantemente, como si el espacio se ensanchara y la materia se deshiciera realizándose un ideal de espiritualización. Por eso el mejor término de la visita es contemplar la pequeña imagen de *San Bruno*, del granadino José de Mora; porque es uno de los mayores aciertos de nuestro arte en la expresión del más elevado sentimiento místico.

**4.** *Conjunto del Monasterio, visto desde las huertas. A la izquierda, zona que ocupaba el claustro de los monjes.*

## EL LUGAR EN QUE SE LEVANTA LA CARTUJA

La Cartuja está situada hacia poniente y norte de las cercanías de Granada, en una rica zona correspondiente al declive de la ladera de la colina en que se asienta el Albaicín. Fertilizada por abundantes aguas procedentes de la fuente de Alfacar —aunque hoy lo desfiguren las edificaciones— era zona que estaba constituida por huertos, cármenes, viñas y lo que llamaban —por reunir ambas cosas— viña-carmen; o sea, casi totalmente constituida por fértiles y deleitosos lugares de placer. Por esto durante la época musulmana gozaron de gran fama estos cármenes de *Ainadamar* o *Fuente de las lágrimas*, de Ain Addamai conforme precisa Simonet en su *Descripción general del Reino de Granada*. Este ara-bista recordaba las referencias de viajeros y autores árabes del siglo XIV que celebraron estos bellos lugares. «El viajero Ibn Bathuta —escribe— que visitó Granada por los años de 1360 dice que Ain Addamai era uno de los parajes más encantadores de aquellos contornos y aún de todo el orbe, siendo un monte amenísimamente cubierto de huertas y vergeles. Ibn Aljatib dice además, que este lugar de recreo estaba cerca del monte Alfajar, hoy Alfacar, y era un paraje delicioso con suavísimo y templado ambiente, huertos placenteros, floridos jardines, aguas dulces y copiosas, suntuosos aposentos, numerosos alminares y casas de sólida construcción, plantíos de yerbas aromáticas y otras delicias. También recoge muchos versos que aquellas bellezas inspiraron a los poetas árabes.»

Igualmente el historiador Luis del Mármol,

que en su *Historia de la rebelión de los moriscos*, dedica una parte a la descripción de esta zona recogiendo información de viejos moriscos, destaca estos cármenes y jardines de Aynadamar al hablar de la fuente de Alfacar que los riega. Dice que era el lugar «donde los regalados ciudadanos, en tiempo que la ciudad era de los árabes, iban a tener los tres meses del año, ellos llaman la Azir que quiere decir la primavera, imitando en esto —agrega— a los de Fez, que en el mismo tiempo se van a los cármenes y huertas de Cingifor». Precisa, asimismo, que estos cármenes *ocupan* «legua y media por la ladera de la Sierra del Albaycin que mira hacia la Vega, y llegan hasta cerca de los muros de la ciudad». Respecto a su nombre comenta que en su tiempo estaba corrompido, «porque los moriscos llaman aquel pago Aynadama, que quiere decir fuente de lágrimas. Agrega las dos versiones que le dieron del significado; una porque antes que lo regara el agua de Alfacar «no había en él más que una fuentezica que destila gota a gota como lágrimas». Otros le habían calificado «que por las muchas penas, achaques y calumnias que los administradores de las aguas y las justicias llevan a los que tienen repartimientos de aquella agua en el campo o en la ciudad».

Posteriormente el historiador granadino Bermúdez de Pedraza, al tratar de la fundación de la Cartuja, también se recrea pintando literariamente los deleites de este lugar en la forma tal como se le ofrecía en su tiempo, «digno de amarse por su amenidad y hermosas vistas». Destaca primero que «la parte deste collado que mira a Occidente, está arbolada de frutales, olivos y cepas que la guarnecen cual con passamanos de plata, y estanques tan grandes que alguno tiene ciento y cincuenta pasos de circuito, asistidos de grandes cipreses que se miran en sus cristales. Y por el Norte tiene muchos olivares con quien se mezclan algunos almendros. Son unos cármenes de recreación con todo género de frutas y abundancia de fuentes, porque las toman del azequia de Alfacar... y mirados desde la Vega estos cármenes parecen aparador Real de muchas gradas, adornadas de fuentes de plata. Aquí se ven vestigios del que llamaron los moros el Albercón, por su grandeza; era un estanque de cuatrocientos pasos en circuito...

**5.** *Empedrado del siglo XVII al pie de la escalera de acceso a la iglesia.*

Este albercón se llenava de agua del azequia de Alfacar, y en él hazian los moros sus fiestas navales, en barcos y esquifes. Aquí —agrega— se bañaban las moras a vista de la vega sin ser vista de ella». En el presente —concluye— está «plantado de árboles, es una huerta, transformadas sus aguas en frutales... Las murallas que eran de ocho pies de ancho, con cuatro torres en cuatro esquinas, se han vestido de yedra... y se ven llenas de retamas o gayombas, que parecen mayos con sus flores. Desde aquí se descubre toda la vega, y las Sierras de Cogollos, Colomera, Moclín, Elvira, Montefrío, Alhama y la Nevada, que le sirven de fortísimos valuartes». Pero no podemos pensar que —como ocurre con otras cartujas— fuese sólo estas cir-

**7.** *El refectorio. Lienzos y cruz pintados por el lego Sánchez Cotán.*

◀ **6.** *El «Claustrillo» lugar al que abren las principales dependencias monacales.*

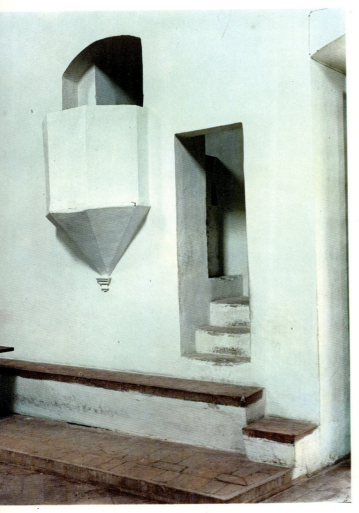

**8.** *Púlpito para la lectura en el refectorio.*

**9.** *Retablo y lienzo pintados por Sánchez Cotán en la sala de profundis.*

cunstancias de la belleza y fertilidad del lugar, lo que hizo se eligiera para construir el Monasterio. Creemos es indiscutible, que la razón decisiva fue la intervención del Gran Capitán, muy devoto de la Virgen y de la Orden cartujana.

## BREVE HISTORIA DEL ORIGEN Y CONSTRUCCION DE LA CARTUJA

Según nos cuenta fray Rodrigo de Valdepeñas en su crónica inédita, *Libro del principio fundación y prosecución de la Cartuxa de Granada*, en 1458, el Prior y comunidad del Monasterio del Paular trataron de *hacer otra Casa de la Orden* en esa Provincia contando con la hacienda y renta de aquella Cartuja. Con esta decisión acudieron al prior de la de las Cuevas de Sevilla, Visitador principal de la Provincia, quien también satisfecho de la idea quiso consultar con los priores de las Casas de Aniago y de Miraflores; y todos, vistos «las copias y libros de las rentas» quedaron conformes y para que «el culto divino fuese aumentado y nuestra religión acrecentada... traspasaron en manos de la Orden y Capítulo general... toda la parte de sus bienes que bastasen para fundar, hacer y dotar otro Monasterio».

Así, solemnemente, para cumplir el acuerdo de 5 de enero de 1459, hicieron una escritura en lengua latina como testimonio y compromiso de su decisión. Pero la muerte de aquel Padre Visitador y el cambio de algunos priores, hizo que se *mudasen los viejos propósitos*, y así —nos dice el cronista— «de tal arte se echó a dormir este negocio». De esta manera, hasta 1506, al nombrar prior del Paular al Padre don Diego de Luján, no comenzó a moverse de nuevo el asunto y «el Capítulo general —sigue diciendo fray Rodrigo de Valdepeñas— despertó el dormido negocio y lo puso en pié y lo volvió a los términos y estado en que tomó el sueño». Así se confió al P. Juan de Padilla —el conocido poeta— que era entonces prior de Aniago y Visitador general para que tratase con la Comunidad del Paular de la fundación a que estaba obligada. El Capítulo aceptó todo lo hecho y conseguidas las necesarias licencias se inició la búsqueda del lugar por los reinos de Galicia, Castilla y León, contentándose al fin con un lugar cerca de Zamora, donde «fueron admitidos a labrar en él y comenzaron la obra muy de propósito». «Pero como Dios tenía elegido el sitio en otra parte —comenta el cronista— no quiso que passase adelante.» Algunos *grupos de seglares* en desacuerdo sobre el establecimiento del Monasterio, hizo que *fueran echados de allí*, perdiéndose lo construído y todos los gastos que habían hecho. Pero los afanes del Padre Visitador no cesaron durante siete años hasta que se dio la circunstancia de que se pusiese en contacto con el Gran Capitán que le ofreció el lugar en Granada. Así, por esta serie de impensadas circunstancias, vino a erigirse ese deseado Monasterio dependiente del Paular en el Reino de Granada y a la vista de la propia ciudad.

Cuando en 1506 acudió a él y a su esposa el citado Padre Juan de Padilla, prior de la Cartuja de las Cuevas de Sevilla, no sólo conocería la devoción del caballero granadino, sino también su intención de erigir un templo dedicado a la Virgen. No se precisa esto en la Crónica de fray Rodrigo de Valdepeñas; pero sí se descubre en textos del siglo XVII; en el historiador de las Cartujas españolas, José de Vallés, que escribe a mediados de dicho siglo, y en

**10.** *Sala capitular de los legos, la más antigua edificación del Monasterio.*

**11.** *Sala de Capítulo de los Monjes. Lienzos de Vicente Carducho.*

el granadino ya citado Francisco Bermúdez de Pedraza. Este dice del lugar, que fue en el «sitio de donde primero vió a Granada, y se defendió de los moros con valentía», y Vallés, precisa aún más: «Había en él —dice— defendídose de los moros, cuando poseían a Granada, don Gonzalo de Córdova con milagroso valor; y así deseaba quedara en él una casa de Dios consagrada donde a todas horas fuese servido y adorado».

La referida crónica inédita nos dice que cuando el Padre Juan de Padilla *le dió noticia desta demanda* de erigir una Cartuja «no sólo oyó de buena voluntad ésta nueva; pero ofreció su favor y cuasi tomó a su cargo toda la obra, con fin de hazer en este nuevo Monasterio su enterramiento». Después de elegir con el dicho Padre el lugar «en lo alto del Pago de Aynadamar que agora se llama la Cartuja Vieja... hizieron donación... de dos huertas en el dicho Pago, la una que dizen el Alcudia, y la otra que está debaxo de la susodicha, que se dize de los Bencerrajes». La donación la otorgaron en Loja el 9 de diciembre de 1513, y a comienzos del año siguiente consiguieron las licencias del Rey y del Arzobispo de Granada don Antón de Rojas. Se deduce del texto de la crónica que al famoso caballero se debió se llamara la Cartuja de *Nuestra Señora de Jesús* y estaba tan *afficionado a ella* que, cuando los Padres le enviaron las licencias y 150 ducados para comprar otra finca contigua, contestó rápidamente —carta de 3 de marzo de 1514— diciéndoles que parte de la huerta ya estaba comprada, y que el dinero se lo devolvería para que lo gastase en lo que fuese su *satisfación*. Impaciente le daba prisa para que regresara del capítulo anunciándole que cuando volviera «hallaría campana puesta».

El Padre Visitator Juan de Padilla hubo de volver a su Cartuja después de celebrar, a fines de junio, una solemne misa en el lugar elegido, dejando todo a cargo del Prior del Paular ya que de esa Cartuja dependía la nueva fundación. Quedó encargado de las obras fray Alonso de Ledesma, fraile lego profeso del Paular, hombre *devoto, exemplar y medianamente entendido para los edificios*. Pero, hecha la traza e iniciadas las obras en 1515, parecióle a los Padres ser aquel lugar de muchas dificultades e inconvenientes; por lo enormemente costoso que resultaba sacarla de cimientos y subir los materiales, y, además, poco seguro para los moradores dado su apartamiento y estar rodeados de moriscos. Ante la decisión del cambio de lugar, nos cuenta la Crónica que el Gran Capitán dijo: «Si ellos mudan el sítio, yo no soy obligado a guardar

**12.** *Lienzo de Sánchez Cotán correspondiente a la serie que narra el proceso y martirio de tres priores cartujos y un monje de Santa Brígida en Inglaterra en la época de Enrique VIII.*

**13.** *Lienzo de Sánchez Cotán de la citada serie de los primeros mártires cartujos en Inglaterra.*

mi propósito». Está claro que él tenía un personal interés en que se levantase exactamente en aquel lugar de las huertas que había donado.

Así hubieron de conseguirse nuevas licencias, se compraron nuevas zonas de terreno, de huertas, cármenes, viñas y viñas cármenes —y toda el agua necesaria— extendiendo la propiedad hasta la parte baja de la ladera de Aynadamar. En la primavera de 1517, nos dice el monje cronista «començaron fuertemente la labor de las cuatro cellas del Occidente que caen sobre la Vega y la Capilla que ha de ser Capítulo de los frayles». «En dos años —nos dice más abajo— tenía ya hecho aposento de cuatro muy buenas cellas y capilla para Yglesia», y, así, en 1519 *vino licencia dél para que bajasen a este sitio de asiento y dejasen el otro.*

«Muy cerca del fin del año del Señor de mill y quinientos veynte y cinco años —dice el citado fray Rodrigo— yo vine al Monasterio de Nuestra Señora del Paular dende Alcalá de Henares donde estudiaba»... *Recibió el hábito* el día *de Santo Tomás apóstol de mano del Prior Padre don Juan de Salazar*, quien en el capítulo inmediato fue nombrado en 1526 Rector de Granada. Pero fue en tiempo de sus sucesores los Padres Pedro de Arévalo y Andrés de Aguilar —que vino de Procurador como Vicario del Paular— cuando se cubrieron las celdas de Norte y Levante y quedó el claustro cerrado por sus cuatro lados: se abrieron los cimientos de la iglesia, del claustro pequeño —o *claustrillo*—, de las pequeñas capillas, del refectorio y de la Sala de Capítulo. En tiempos del último se *sacaron los muros de la iglesia fuera de la tierra*, se cubrió la bodega *que está debajo del refectorio* y se levantaron los muros de éste hasta la altura del entablamento.

El Padre Rodrigo de Valdepeñas al ser nombrado Provisor del Paular en 1536, vino seguidamente como Visitador acompañado de otros Padres del Capítulo General, procedentes de las Cartujas de Venecia y de Cahors. Con este motivo se ocupó, entre otras cosas, de «entender la traça y orden de la Casa». El primer bienhechor con que contó esta Cartuja fue el licenciado Alonso Sánchez de Cuenca que al fallecer en 1538 fue enterrado en la Sala de Capítulo de Legos que aún servía de iglesia.

En el año 1545 se acordó que la Cartuja de Granada se incorporase a la Orden y que «la Casa del Paular su fundadora le diese cada año seyscientos ducados hasta que le oviesse comprado la rrenta que le faltava para su dotación». En ese mismo capítulo el Padre Rodrigo de Valdepeñas por su «espiritual y corporal consolación y descanso» pidió le pasasen a Granada, siendo nombrado, pues, primer Prior. Fue también éste el momento en que se le cambió el título a esta Cartuja. Según consta en la carta del Capítulo se le llamó de la *Asunción de Nuestra Señora*. Decidió también el Capítulo —y el siguiente de 1546— que entre el Paular y Granada hubiera una especial y *perpétua fraternidad;* en forma que los profesos de aquella Cartuja fuesen considerados como profesos de ésta y viceversa. Al cesar en su priorato en 1552 el Padre Rodrigo de Valdepeñas las obras estaban muy avanzadas. Así, sabemos que el refertorio se había continuado hasta el cuerpo de ventanas, aunque no se había llegado a cubrir.

Fray Alonso de Ledesma fue con seguridad, aunque ateniéndose a lo normal de la organización de casi todas las Cartujas, tal como se ve en la Casa madre de Grenoble, el que realizó el trazado de todo el conjunto del Monasterio. Así los cimientos de la iglesia y del claustrillo son de mediados del siglo XVI —en vida del dicho fray Alonso— y por otra parte la distribución de dependencias en torno a éste, supone una traza inicial del mismo. Lo primero en construirse —como ya lo acusa su estilo gótico— fue el Capítulo de Legos —que sirvió de iglesia durante mucho tiempo—; seguidamente el *Refectorio* y tras de él el *Capítulo de Monjes*. Todo ello, como las pequeñas capillas que lindan con la iglesia y la sala *de Profundis* —inmediata en situación y tiempo al Refectorio— supone un conjunto organizado de acuerdo con las funciones de la vida monacal cartujana, y que, como decíamos, hubo de ser concebido inicialmente en sus proporciones y distribución. El mismo fray Alonso de Ledesma hizo la traza del gran claustro —53 metros de lado— rodeado de celdas —cuyo centro ocuparía, como en todas, el cementerio— que fue construyéndose a través del siglo XVI quedando cerrado antes de mediados del mismo. Según Gómez Moreno que

**14.** Visión del Beato Ford, *lienzo de Vicente Carducho.*

conoció en parte los restos de este claustro arruinado en 1842, este gran patio jardín «con arrayanes, palmeras, sauces y cipreses» estaba rodeado con una gran arquería «con setenta y seis arcos encima de columnas dóricas estriadas de buena traza y pedestales enlazados con antepechos». Precisa nuestro gran historiador del arte que ésta «se comenzó a labrar en 1571».

La iglesia se levantó sobre los cimientos hechos en el siglo XVI a través de la primera mitad del siglo siguiente y lo mismo el claustrillo que se terminó en el primer cuarto de este dicho siglo. Creemos firmemente que la iglesia estaba proyectada para estar encuadrada por cuatro esbeltas torres, de las cuales sólo se construyó una, terminada en 1642, y situada en la cabecera del templo en el lado de la Epístola; hubiera quedado simétrica con otra al otro lado —donde después se construyó la gran Sacristía— y las otras dos se proyectaron en los pies del templo encuadrando la fachada. El historiador de las Cartujas españolas José de Vallés que escribe a mediados del siglo —momento en que se estaba terminando la iglesia y se construye la citada torre—, al hablar de la grandeza de los edificios de esta Cartuja, concreta diciendo que «con cuatro torres hermosísimas». No hay duda, pues, que lo proyectado era eso.

Lo que no se puede precisar con seguridad absoluta es si inicialmente al proyectar la Iglesia se pensó ya en construir la Capilla del Sagrario en el centro de la cabecera; pero si no fue así, tuvo que surgir la idea de hacerlo, por lo menos en la mitad del siglo XVII, antes de proyectarse toda la decoración del interior del templo. Cuando al comenzar el siglo XVIII proyecta Hurtado Izquierdo el Sagrario y se emprende la obra, estaba ya también prevista la construcción de las dos pequeñas capillas que se adosan a un lado y otro del mismo. En la construcción de la gran Sacristía no se pensó hasta el momento en que ya estaban muy avanzadas las obras del Sagrario. De obras posteriores, salvo la portada neoclásica de fines de dicho siglo, no hay nada de interés que reseñar. Desgraciadamente, de lo que hay que hablar en el siglo XIX —y hasta en el XX— es de destrucción. Ya con la invasión francesa fue objeto de destrozos y, entre otras cosas, desapareció

**15.** *Ecce-Homo de barro cocido policromado, obra de los escultores Miguel y Gerónimo García.*

la rica urna de plata y cristal del *Sancta Sanctorum*. Posteriormente todo el conjunto de la finca y el claustro de los monjes fue objeto de desamortización y pasó a propiedad particular; y aunque la adquisición quedó en suspenso, fue confirmada más tarde al decretarse la general desamortización de los bienes de las Ordenes religiosas. Entonces salieron de ella los lienzos del Monasterio con destino al Museo; otros se perdieron, y aunque volvieron a su lugar casi todos quedaron en mal estado por utilizarse en la decoración de los altares en ocasión de las fiestas del Corpus. En cuanto al gran claustro, su propietario, Señor Méndez comenzó a derribarlo junto con las celdas de los monjes, y aunque por Real Orden fue cortada tan bárbara destrucción, todo quedó en ruina progresiva. Lo que se conservó fue la pequeña casa o celda prioral.

El conjunto de la finca, con dichos restos fue adquirido en 1891 por la Compañía de Jesús que tres años después inauguró en ella su Colegio y Noviciado, edificio grande de proporciones, pero muy pobre en su concepción arquitectónica. La Iglesia y el Claustrillo con sus dependencias monacales, continuó desde la exclaustración dependiendo del Arzobispado y como capilla del Seminario Mayor edificado frente al recinto de la Cartuja pocos años después de nuestra guerra. Algunas obras de restauración, conservación y adecentamiento se han hecho en esta parte durante los últimos tiempos. Pero desgraciadamente en lo que era propiedad de la Compañía de Jesús la destrucción continuó. Así, en 1943 el bello conjunto de la Casa prioral, con su patio y su jardín, que, aunque era utilizado por la Orden —se le llamaba familiarmente el *Colegito*— uno de sus superiores —seguimos ignorando las razones o sinrazones que tuvo para ello— decidió su rápido y total derribo. Ultimamente —durante el rectorado del doctor Mayor Zaragoza— ha sido adquirida la finca para *Campus* universitario y en ella se están construyendo las Facultades humanísticas; aparte los Colegios universitarios —masculino y femenino— ya funcionando y la nueva Facultad Teológica que ha levantado la Compañía de Jesús. Esperamos que los nuevos conjuntos universitarios humanísticos sirvan de baluarte y protección en el futuro a las maravillas de arte religioso barroco que alberga lo que nos ha llegado de este Monasterio de la Cartuja granadina.

## EL MONASTERIO Y LAS PINTURAS DEL LEGO FRAY JUAN SANCHEZ COTAN

Se da acceso al recinto en que se levanta el Monasterio, a través de una pequeña portada del siglo XVI de estilo plateresco que, según Gómez Moreno, debió trazar Juan García de Pradas, autor seguidamente de obras más importantes muy análogas a ésta en la Lonja y Capilla Real. La constituye un arco de medio punto —de decoración con resabios goticistas— coronado por una hornacina que alberga la copia de una pequeña talla de la Virgen, de mediados de dicho siglo, que, para evitar su destrucción pasó hace años al Museo de Bellas Artes. Abre dicha puerta a un muy espacioso y sencillo compás en cuyo fondo se levanta, en plano superior, la sobria arquitectura del Monasterio, centrada por la fachada de la Iglesia, no exenta de cierta grandiosidad, en la desnudez cálida de la piedra de Alfacar con que está construida. Realza ese efecto una gran escalinata, labrada en piedra de Sierra Elvira, que, con algo de aparatosidad barroca en su movimiento, enlaza el plano del compás con el de la amplia terraza en que se levanta la edificación. Con doble acceso —en uno y otro extremo— de tres tramos de escaleras y tres mesetas van a unirse en un rellano central del que arranca el tramo que asciende a la gran terraza en cuyo frente queda la puerta del templo. Su adorno, de sencillas placas en los pretiles rematados con bolas coronadas de agudas pirámides, no llega a romper la sobriedad arquitectónica del conjunto. La escalinata, lo mismo que la obra de la Iglesia —de mediados del siglo XVII—, se debe a la traza del Cantero Cristóbal de Vílchez. Pero también merece destacarse, en el plano del que arranca la escalinata, el amplio paño de empedrado, que se extiende desde un extremo a otro, por constituir la más importante muestra conservada de este arte popular típico de Granada —superior al que ofrece el claustro de la Abadía del Sacro Monte—. Como una descendencia y popularización de los antiguos mosaicos, se desarrolla en él, con

**16.** *Virgen del Rosario. Talla policromada del escultor granadino José Risueño.*

la combinación de piedras y cantos de río, en blanco y negro, una gran decoración, distribuida en paños o tramos: el central ocupado por un gran escudo —donde está la fecha de 1679— y a sus lados otros con escenas de cacería, con jinetes, toros y ciervos, y a los extremos otro con figuras con mazas.

La amplia terraza —desde la que se contemplaba un espléndido panorama— en que se levanta el Monasterio está centrada por la gran maza de la fachada del templo, centrada por la fría portada de mármol gris con columnas jónicas que realizó, en 1794, el arquitecto Joaquín Hermoso, cuyo hermano Pedro labró la estatua de San Bruno de mármol blanco que la corona. Al lado de esa fachada queda la sencilla portadilla de ingreso al claustrillo, a través de un amplio zaguán rehecho modernamente.

Así, pues, se entra en el Monasterio pasando primeramente al *claustrillo*, pequeño claustro-jardín, al que abren las dependencias generales para las funciones y servicios de la vida monástica. Restaurado hace pocos años, han quedado sus arquerías de orden toscano, completamente abiertas, y ha sido necesario retirar las series de grandes lienzos que cubrían sus muros, obras del lego Sánchez Cotán completadas con otros lienzos de Vicente Carducho.

Si decisiva para la traza y construcción de todo el Monasterio fue la obra del lego cartujo fray Alonso de Ledesma, también fue decisiva para la labor de decoración pictórica, la intervención de otro miembro de la orden. Nos referimos al pintor castellano Juan Sánchez Cotán que había nacido en Orgaz en 1560 y formado en Toledo con el manierista Blas de Prado, vino a Granada a profesar como lego en 1603, trayendo consigo todos sus útiles de trabajo. Era pintor ya en su plenitud y con abundante clientela. Lo que aquí realizó este lego pintor constituye uno de los más importantes y tempranos conjuntos de pintura monástica que se realizaron en España. Ante esa importante labor cabe pensar que la misma Orden procurara el que hiciera en nuestra ciudad su profesión y que decorara sus abundantes recintos que se acababan de construir y los que entonces se levantaban. Incluso todas las celdas pudieron tener Crucificados y Vírgenes pintados por el lego castellano. No olvidemos que el trabajo es parte importante en la vida del cartujo, sobre todo en los legos. En realidad Cotán vino a la Cartuja a santificar su trabajo, como coronación de una vida de hombre soltero de firme y probada vocación religiosa.

Aunque su primera estancia parece fue de unos pocos años —pues marchó al Paular, quizás para hacer el período de la donación— sin embargo regresó hacia 1612 para continuar en plena actividad hasta su muerte ocurrida en 1627. En la Cartuja, a su fama de artista se unió la del lego virtuoso, siempre dispuesto para hacer toda clase de trabajos y oficios, hasta el más humilde. Se le llamaba «el Santo fray Juan», y murió en opinión de santidad, precisamente en la misma festividad de la Virgen en que hizo su profesión. Su arte realista —fue de los primeros que pintaron del *natural*— de ascendencia naturalista toledana, era ya famoso en su tierra, sobre todo por sus lienzos de *naturaleza muerta* o bodegones, en los que exaltó flores, frutas y verduras con el más vigoroso plasticismo. Ese arte, en cierto modo, venía a contradecir la estética granadina, más inclinada a lo noble e idealista. Cuando pinta aquellos bodegones en la Cartuja —incorporando a veces elementos de la naturaleza granadina— refuerza su sentido ascético místico suprimiendo las aves y la caza, de acuerdo con los alimentos del cartujo. Todo son humildes verduras, frutas, pan y queso; en suma una invitación a la abstinencia.

Creemos que lo primero que pintó en Granada fue el conjunto del retablo de la Sala de Capítulo, hoy totalmente deshecho y cuyos lienzos y tablas se encuentran repartidos entre el Museo de Bellas Artes y particulares. Es lo que más recuerda su época toledana. Junto a estas obras las que estimamos más tempranas son los dos grandes lienzos, del *Descanso de la huida a Egipto* y el *Bautismo de Jesús*, colocados en altares en el coro de legos con retablos del siglo XVIII, pero indudablemente concebidos para ese lugar, dada la adaptación de sus efectos de claroscuro con respecto a la iluminación del templo. En el primero, sobre todo, luce su arte con un espléndido bodegón en primer término, en el que, amorosamente, se exalta en materia y calidad —con magistral entonación de blancos—,

**17.** *Vista de la iglesia desde la parte alta de la entrada.*

medio pan, un trozo de queso manchego y un cuchillo sobre un mantel extendido. Con igual sentido religioso, de humildad ante el objeto, está pintado todo; lo mismo ese bodegón que el paisaje y el rostro del Niño al que le da de beber la Madre. También creemos pueden corresponder a dicha época primera los cuatro lienzos de la Pasión de Cristo colocados en el presbiterio de la Iglesia, *Cristo con la Cruz a cuestas*, *Ecce-Homo*, *Oración del Huerto* y la *Flagelación*; los dos primeros de ingenuo pero expresivo realismo narrativo aunque falto de nobleza. Destaca el tercero por su vigorosa iluminación de nocturno recordando modelos venecianos —que habría visto en El Escorial— y, por su fuerte plasticismo y gran efecto espacial, el último. No olvidemos que la obra arquitectónica de la Iglesia con cimientos hechos en el siglo XVI, estaba entonces en un monemto en que podían prever los espacios a decorar. No ocurrió así con el *claustrillo* que decoró años después. También debió pintar en esos primeros años granadinos para una de las capillas del claustrillo la *Imposición de la Casulla a San Ildefonso* —hoy en el Museo— con recuerdos —quizás por el tema— de sus años toledanos y en el que contrasta el realismo de las cosas y de la figura del Santo con la belleza ideal de la Virgen y de los Angeles. Era tradición en el Monasterio que, cuando pintaba este cuadro, la Virgen se le apareció para retratarla. Cuando le preguntaron cómo había pintado su rostro tan distinto a otras Vírgenes hechas por él, contestó que ésta la había retratado del natural.

Pasó después el lego pintor a la Cartuja del Paular —donde en 1948 vimos algunos lienzos—, y regresó hacia 1612. Aunque es posible que en su primera etapa granadina realizara cuadros de Vírgenes y Crucificados para las celdas de monjes y legos, entonces debió repetirlas. En una de las capillas anejas al Sagrario se conserva un ejemplo de cada uno. De esa más intensa y continuada actividad son importantes muestras la doble serie de lienzos de historia de la Orden que realizó en su madurez para la decoración del *claustrillo* que, utilizados, a partir de la desamortización, en la decoración de los altares del Corpus en la Plaza de Bibarrambla, quedaron destrozadísimos y con malos repintes. Hoy —restauradas en lo posible de sus múltiples deterioros— se exhiben en el refectorio y en la sala «de Profundis». Una serie narra el origen y comienzos de la vida de la Orden, en la que recoge como escena inicial la leyenda de la resurrección del sabio Diocres de la Universidad de París, que se levantó en su funeral para declarar que a pesar de sus estudios, había sido condenado por el tribunal divino. La composición acusa el recuerdo del arte manierista de Toledo y el influjo concreto del *Entierro del Señor de Orgaz* del Greco —sobre todo en la série de rostros asombrados y manos abiertas de los asistentes expresando la sorpresa ante el prodigio— incluso en el rasgo de autorretratarse el artista entre los asistentes al fúnebre acto. El pintor se ha colocado junto a San Bruno —como uno de sus discípulos observando nuestra reacción ante el prodigio— que, ante el hecho de que el más sabio se condene, levanta su rostro hacia el cielo expresando su decisión de renunciar a la vida del mundo y buscar el verdadero camino en la soledad de la naturaleza. El segundo lienzo de la serie representa al obispo de Grenoble, San Hugo, en el sueño que tuvo viendo venir hacia él siete estrellas que se le postraban. El pintor ha representado la escena cual si se tratara de la celda de un cartujo, y con un realismo ingenuo de primitivo, con anecdóticos detalles como las zapatillas colocadas junto al lecho, la mitra, y la linterna sobre la mesa; aunque muy deteriorado, merece observarse el efecto de su iluminación artificial con la luz que arroja la linterna desde la mesa. El tercer lienzo de la serie representa la visita que San Bruno y sus seis discípulos hicieron a dicho Obispo, según le fue anunciada por la visión anterior; es otra representación realista del interior de la celda de un monje; con su lienzo de la Virgen y una ventana dando al jardín de la misma en la que se enreda un jazminero en flor. La serie se continúa con tres lienzos de menor tamaño —que estuvieron colocados sobre puertas— representando visiones de paisaje del lugar de la primitiva Cartuja. En el primero se ofrece ante un amplio paisaje de las montañas de Grenoble, el grupo de San Hugo revestido de capa y mitra que señala a San Bruno y a sus discípulos el lugar para la

◀ **19.** Descanso en la Huída a Egipto. *Lienzo del lego cartujo Fray Juan Sánchez Cotán.* ▶

◀ **18.** *Vista de la iglesia desde el coro de los legos. Retablos del siglo XVIII con pinturas del lego Fray Juan Sánchez Cotán.*

**20.** *Bodegón correspondiente al lienzo de Sánchez Cotán,* Descanso en la Huida a Egipto. *Podríamos decir con certera expresión del gran poeta Jorge Guillén que estos bodegones son «Naturaleza nunca muerta».*

erección de la Cartuja; el siguiente representa la visión del momento en que el grupo de cartujos ha emprendido la construcción del Monasterio; por último el tercero nos ofrece un momento posterior de la vida de la primitiva cartuja; cuando, ausentado San Bruno por la llamada del Pontífice, sus discípulos comenzaron a flaquear en su vocación y fueron aconsejados por San Pedro, que se les apareció para decirles que pidieran la ayuda a la Virgen —que se descubre en el cielo— para que les alentara y ayudara en la dura vida emprendida. A esta aparición, se dice, se une el comienzo del rezo del llamado *oficio parvo* que constituye una especial devoción de los cartujos iniciada antes que en otras Ordenes religiosas.

El otro gran ciclo narrativo que realizó para la decoración del claustrillo tiene como tema un hecho de relativa modernidad: la prisión y martirios sufridos por los priores cartujos en Inglaterra en la época de Enrique VIII. Lo constituyen cuatro grandes lienzos de composición bitemática típicamente manierista, aunque con recuerdos del arte medieval. La escena principal que representa cada uno, se acompaña en el segundo término con la representación de otra escena con los mismos personajes. Así, con este convencionalismo se enlaza todo el conjunto en una completa narración de toda la historia del martirio. El artista se atuvo para sus composiciones a los relatos que de estos hechos había escrito Alonso de Villegas en su *Flos Sanctorum* —que debió ya conocer en Toledo— autor al que había tratado su maestro Blas de Prado. La obra maestra de todo este ciclo es la primera que representa a los tres priores, junto con un monje del convento de Santa Brígida, ante el juez que en nombre del Rey les demanda la contestación a su propuesta. Bajo una violenta iluminación tenebrista frente al juez que queda en la sombra, destacan con vigoroso plasticismo, formando un solo bloque de sobrias formas los cuatro religiosos en cuyos rostros, inquietos unos, y serenos otros, ante el más allá, se acusa, como en sus quietas figuras, su firme decisión de aceptación del martirio. Sabiamente el pintor ha escogido ese momento de expectante silencio de los monjes en que la mano del juez les incita a responder y los soldados que les

**21.** *Vista lateral de la iglesia desde la parte alta del coro de los monjes. Lienzos del pintor granadino Pedro Atanasio Bocanegra.*

custodian esperan inquietos esa respuesta de la que dependen sus vidas. Subrayando la tensión del momento, un perrillo que se rasca indiferente en primer término, nos sugiere la sensación de ruído que nos da conciencia del instante de silencio. Al fondo, tras un plano oscuro que forma una columna y cortinaje en sombra, se descubre el momento en que los cuatro religiosos son conducidos por los soldados. Enlazando con esas escenas se ofrece, como segundo lienzo el momento en que, según práctica de la justicia inglesa de la época, los cuatro religiosos son arrastrados por caballos, sobre una especie de cestos, a la horca. Al fondo se representa este momento de la ejecución, y cómo son cortadas seguidamente las cuerdas de que penden. El artista ha lucido su dominio de la perspectiva en la visión de los caballos arrastrando hacia el fondo los cuerpos tendidos de los religiosos. Enlazando con este lienzo queda el tercero que representa en primer término, con ingenuo y feroz realismo, la escena del descuartizamiento, y al fondo el hecho previo, que une con el anterior lienzo, del momento de ser ahorcados y derribados en el preciso instante de expirar. El cuarto gran lienzo de la serie representa una escena independiente —por no referirse a los mismos priores mártires— pero ligada también temporal y plásticamente a los otros tres. Ofrece un grupo de cartujos presos y encadenados, con argollas, grillos y cepos, en la torre de Londres. Al fondo de la visión y sobre lo oscuro del recinto, tras una ventana enrejada, se descubren pendientes de la horca los priores cuyo martirio se hace historia en los cuatro lienzos anteriores. Completando este ciclo referente a los prime-

**22.** *Presbiterio de la iglesia.*

**23.** *Desposorios de la Virgen. De la serie que decora la iglesia pintada por Bocanegra.*

**24.** *Iglesia. Virgen del Rosario pintada por Bocanegra.* ▶

ros mártires —y como hizo en la serie de la fundación de la Orden— se ofrecen otros tres lienzos menores de proporción apaisada, representando, pareadas bajo una doble arcada, dos figuras de mártires, según esquema compositivo típico de la serie de lienzos que adornan los pequeños retablos de El Escorial. La fuerza naturalista de la pintura de los rostros, auténticos e intensos retratos, y la sobriedad y vigor plástico de los blancos hábitos, obliga, ante alguno, de arrebatado gesto extático, a pensar en los monjes ascetas y místicos de Zurbarán. Completa este grupo de lienzos hechos para ocupar los espacios con puertas del claustrillo para el que fueron pintados, otro con dos Santos Obispos cartujos y un Paño de Verónica portado por dos ángeles, hecho sobre el conocido grabado de Durero.

Hacia la misma fecha que estos lienzos debió pintar Sánchez Cotán el cuadro con San Pedro y San Pablo del altar de la Sala *de Profundis* —único firmado, *Joannes fecit,* en la espada del último— composición grandiosa ambientada

con rico fondo de paisaje, inspirada directamente en los citados lienzos de las *Letanías* de El Escorial, concretamente en modelos de Navarrete. En 1618 —según Gómez Moreno— pintó el gran lienzo de la *Santa Cena* —propiedad del Museo de Bellas Artes— que centra la cabecera del Refectorio, en el que con un especial sentido para los efectos de perspectiva e iluminación procuró dar la sensación del hecho que sucede en el mismo recinto. Su concepción manierista de las formas, contrasta con el naturalismo de los rostros y de los objetos y animales; así coloca en primer término un perro y un gato disputándose una espina de pescado. Es de señalar cómo la fidelidad a la regla cartujana, con la obligada abstinencia, le hizo sustituir con peces el histórico cordero pascual. También es obra suya la Cruz pintada en el muro, fingiendo con su aparente relieve y sombras ser de madera y que está colgada en el mismo, pendiente de un clavo. Entre otras obras que adornaban el refectorio —quizás también bodegones, como el *Bodegón del cardo*— figuraba el gran lienzo de la *Virgen del Rosario* con San Bruno y sus discípulos arrodillados ante ella, donde se autorretrató el lego pintor, ya en sus últimos años. El cuadro —hoy en el Museo— constituye el más importante antecedente de la pintura de Zurbarán, quien seguramente vino a Granada a contemplar estos conjuntos del lego pintor antes de emprender la decoración de la Cartuja de las Cuevas en Sevilla.

Lo último que pintó Cotán para el Monasterio, ya con arte más pobre y cansado, son cuatro grandes lienzos con escenas de la Pasión de Cristo que decoraron los ángulos del destruido claustro. Hoy, aunque propiedad del Museo de Bellas Artes, se han depositado e instalado en el Refectorio.

Aunque Cotán pintó en gran abundancia lienzos para las distintas dependencias del Monasterio —un importante grupo hoy en el Museo y otros en propiedad particular o perdidos— sin embargo no pudo completar la decoración del *claustrillo*; ello se hizo con una serie de lienzos también de historia de la Orden, obra de Vicente Carducho, y que son réplicas de otros tantos cuadros del gran ciclo que realizó el mismo artista para el claustro del Monasterio del Paular. Es de señalar que este pintor, antes de realizar ese conjunto del Paular, había estado en Granada para conocer en persona a Cotán. Según Palomino, el Prior reunió a todos los legos para ver si el artista visitante era capaz de distinguir al pintor entre ellos; cosa que aquél hizo sin vacilar ni un momento, dado cómo en su rostro reflejaba el espíritu de su arte; desde luego el autorretrato citado rebosa en su gesto, humildad, sencillez y beatitud como su pintura. Estos lienzos de Carducho están colocados hoy en las Salas Capitulares, de monjes y legos.

Como decíamos, el *claustrillo* centra el conjunto de dependencias en que se desarrolla la vida en comunidad de los cartujos. Así encontramos, en lugar inmediato a la entrada, el gran Refectorio —ya citado al hablar de su construcción— obra de sobria traza en la que se hermanan las bóvedas de crucería gótica de aristones y los arcos de medio punto. Se trata, después de la Iglesia, del más amplio recinto del Monasterio, pues en él, en los días festivos y en determinadas ocasiones —ya que normalmente comen en las celdas— se reúne toda la comunidad, distribuyéndose, con la misma separación de monjes y legos que en el templo. La comida está por tanto como inserta dentro del acto litúrgico religioso; al refectorio acude la comunidad desde la Iglesia —el Padre que ha consagrado en la misa de la comunidad será el que bendiga el pan en la mesa— e irán haciendo al entrar una inclinación ante la Cruz que preside la cabecera. La de este refectorio es, según vimos, obra del mismo Cotán, realizada con una técnica de *trompe l'oeil*, con un efecto de relieve como si fuese una cruz de madera. Es de señalar que estos efectos de ilusionismo, es decir simular lo corpóreo, no son sólo característicos del manierismo —que persisten en el Barroco—, sino también algo especialmente gustado por los cartujos; y no sólo de las cartujas españolas. El gran lienzo de la *Cena*, de dicho lego pintor, preside en la cabecera. Los demás lienzos que hoy cuelgan en sus muros son los que decoraban el claustrillo. Junto al *Refectorio* queda la *Sala de Profundis*, con retablo pintado en el muro por el mismo Cotán, de acuerdo con los dichos efectos de falso relieve y que enmarca su gran lienzo de *San Pedro y San Pablo*. En ella se reunirían los

**25.** *Presbiterio de la iglesia, con el baldaquino de Hurtado Izquierdo.* ▶

**26.** *Baldaquino, obra de Hurtado Izquierdo, con imagen de la Asunción debida a José de Mora.*

**27.** *Sagrario. Obra del arquitecto Francisco Hurtado Izquierdo.* ▶

legos con el Padre Procurador a celebrar sus actos religiosos y de devoción. Los pequeños lienzos que adornan sus paredes son del mismo lego y también estuvieron formando parte de la serie narrativa del *claustrillo*. En ese mismo lado de éste queda la sala de *capítulo de legos*, lo primero según dijimos, de lo construido por fray Alonso de Ledesma y que constituye quizás lo más puro y original de último gótico en Granada. Es de señalar en sus bóvedas de crucería la forma en que rematan sus arcos, apoyados en haces de columnillas que se reducen en el final en una sola apoyada en pequeña ménsula. Los cuadros que hoy cubren sus muros son los ya citados de Carducho que estuvieron colgados en el *claustrillo* junto con los de Sánchez Cotán. En el otro testero del dicho *claustrillo* queda la *Sala Capitular de los monjes*, más tardía de fecha —1565-1567—, aunque todavía utilice bóvedas que responden a derivaciones de la de crucería. Presidía esta sala un retablo —según se dijo— con pinturas de Sánchez Cotán, centrado por un lienzo de la *Asunción* —hoy de propiedad particular—, que tenía a los lados otros, con *San Bruno* y *San Juan Bautista* y que estaba coronado por un *Crucificado* —pintado simulando ser una talla— y que a su vez tenía a un lado y otro los bustos —inscritos en óvalos— de la *Virgen* y *San Juan*; todos ellos se conservan en el Museo, aunque muy repintados los dos últimos. En la predela destacaban dos pequeñas tablas —hoy propiedad particular— que representan la *Adoración de los Pastores* y de *los Reyes Magos*. Las más importantes pinturas que adornaban esta sala también las realizó Cotán, en fecha posterior al retablo, y en buena parte se conservan hoy en el Museo de Bellas Artes. Las que hoy se han colocado son de la serie debida a Carducho, ya citada, que decoraba el claustrillo. Merece destacarse la puerta de este recinto, con clavos de bronce de fina técnica, debida al lego fray Juan Marín que realizó también otras en las demás dependencias de este claustrillo. Colindante con esta sala —y con acceso a través de la puerta que queda en el ángulo— estaba el gran claustro y cementerio, con las celdas de los monjes, derribado en el pasado siglo.

También en el *claustrillo* encontramos tres pequeñas capillas que tuvieron lienzos de Sánchez Cotán, uno de ellos, el famoso de la *Imposición de la Casulla a San Ildefonso* que quedó antes citado. En una de estas capillas se presenta hoy una bella imagen de la *Virgen del Rosario*, del pintor arquitecto y, sobre todo, escultor José Risueño; muy expresiva del último barroco granadino, en el que se exaltan las notas de delicadeza, feminidad y gracia, lo que especialmente vemos en la figura del Niño, de intensa vivacidad y seductor gesto comunicativo. En otra capilla se ofrece —aunque no pertenecía a la Cartuja— una gran escultura de *Ecce-Homo*, obra en barro cocido, debida a los escultores granadinos de fines del siglo XVI, Miguel y Gerónimo García, que destacaron en este género y técnica del barro y especialmente en la realización de este tema del Ecce-Homo que —en violento contraste con esta obra— ejecutaban en muy pequeño tamaño, de una extrema finura y delicadeza de modelado. Esta obra, junto con su gran talla del *Crucificado* de la Sacristía de la Catedral, demuestran cuánto influyeron los García en el arte de Montañés, formado en Granada con el maestro Pablo de Rojas.

## LA IGLESIA Y SU DECORACION. LAS PINTURAS DE BOCANEGRA Y EL BALDAQUINO DE HURTADO IZQUIERDO

Como es natural —y más en una cartuja— además del acceso desde el exterior de la fachada, para el paso de los fieles al recinto a ellos reservado, la Iglesia tiene otras dos puertas de entrada desde el claustrillo; una más rica y amplia para los monjes —que abre entre el presbiterio y el coro de los monjes— y otra pequeña, cerca de los pies, que da paso al coro de los legos y que hoy constituye el ingreso normal de los visitantes.

Constituida por una sola gran nave la iglesia trazada y cimentada en el siglo XVI y levantada de obra a través del siglo XVII por el citado maestro Cristóbal de Vílchez, no se realizó su decoración hasta 1662 —según Gómez Moreno—. No conocemos el autor de ésta —quizás dibujada por algún lego—, y ofrece un adorno en estuco de rico y movido efecto, aunque de

**29.** *Sagrario. Uno de los óculos que abren a los dos oratorios laterales para la adoración del Sacramento.*

**30.** *Sagrario. Detalle del cuerpo central del tabernáculo.*

**31.** *Sagrario. San Juan Bautista, talla de Risueño.*

traza y técnica tosca y amanerada. La aludida y obligada distribución en tres tramos —recinto para los fieles, coro de legos y coro de los monjes— no impide que —salvo la parte baja con la sillería— sea de trazado corrido toda la decoración, aunque en el presbiterio —desarrollado en profundidad y coronado de cúpula elíptica— se destaca en importancia por sus elementos, especialmente valorados —tanto las figuras de santos y ángeles, como la de frutas, vegetales y flores y puro ornamento— como por aparecer policromados: mientras que la blancura del estuco se impone envolviendo toda la nave. Los elementos centrales de dicha decoración lo constituyen hornacinas con imágenes, también de yeso, grandes marcos, muy resaltados, con adornos de carnosa hojarasca de sabor canesco —que encuadran lienzos de la vida de la Virgen— guirnaldas de frutas y movidas figuras de angelitos, aparte moldurajes y motivos florales y de puro ornamento.

Esa separación de espacios tampoco corta el efecto espacial del conjunto presidido por una dinámica de enlace de ámbitos, que desde que penetramos en el templo nos atrae hacia su cabecera; concretamente hacia su calado y movido baldaquino —obra de comienzos del siglo XVIII de Hurtado Izquierdo—, refulgente de oros, y en cuyo centro queda ascendente en el aire la figura de la Virgen en su *Asunción* debida a José de Mora. Y esa atracción se refuerza porque, tras ese transparente y calado conjunto, entrevemos un penumbroso recinto encristalado; y, concretamente, por el espacio que queda abierto bajo la Virgen, coincidiendo con el eje de nuestra mirada, se nos descubre entre sombras y reflejos el centro del Sagrario; la reserva eucarística que nos hace presentir con emoción de misterio, que allí está el último y más secreto y sagrado lugar en el que está presente la misma divinidad.

El cuerpo de separación entre el coro de legos y el de los monjes, de movida coronación, no corta esa visión de perspectiva hacia el fondo, porque queda ampliamente abierto con aérea y rica puerta encristalada en su centro, e incluso porque los elementos cerrados laterales —lo constituyen ricos retablos barrocos del siglo XVIII— con los lienzos de Cotán ya citados —de frontales de piedra como ágata con veteados transparentes de color y movidos de dibujo típico de los mármoles de Lanjarón—. La misma coronación de la puerta queda calada con una hornacina abierta que alberga a una pequeña imagen de Nazareno, en barro policromado, obra del taller de Alonso de Mena. Y las puertas encristaladas —de mediados del siglo XVIII— están hechas de coloreada y movida labor de taracea, de las más ricas, obra del lego fray Manuel Vázquez, que luciría aún más su arte en todo el mobiliario de la Sacristía que luego comentaremos. El estilo barroco del siglo XVII reforzado por las adiciones del más exaltado barroquismo del siglo XVIII, comunican al interior de este templo un mayor dinamismo, así como una agitación y exaltación expresiva de sentido religioso.

Aparte los retablos citados y las pinturas de Cotán —en el presbiterio y coro de legos— ya comentadas, merece destacarse como lo más importante de la decoración de los muros de la iglesia, la serie de lienzos con escenas de la vida de la Virgen, del pintor granadino Pedro Atanasio Bocanegra —1638-1689—, que se hallan encuadrados por dichos abultados marcos de estuco, en todo acorde con el general y exuberante barroquismo del conjunto. Con su vivo colorido y movidas composiciones se nos ofrecen como visiones que se nos descubren a través de unas grandes ventanas; este efecto se logra con pleno ilusionismo barroco en el lienzo de la *Asunción*, verdadero ventanal, en lo más alto del centro del presbiterio.

Aunque en parte sería por la gran fama que rodeaba al pintor en la ciudad —destacado desde la muerte de su maestro Cano—, fue un acierto de los cartujos el elegirlo para esta decoración centrada en temas marianos y que había de responder a un estilo y espíritu exaltado y de atrayente barroquismo. El arte de Bocanegra representaba —aunque sin la fuerza y corrección del maestro— la acentuación de los rasgos de gracia, delicadeza y sentimentalismo expresivo que alentaba en el de éste. Seducido por lo movido de la composición y las coloraciones brillantes se adaptaban bien para esta decoración. Subrayemos que quizás pesara en la elección —y no buscaran a su rival algo más joven, Juan de Sevilla— el hecho de que Bocanegra

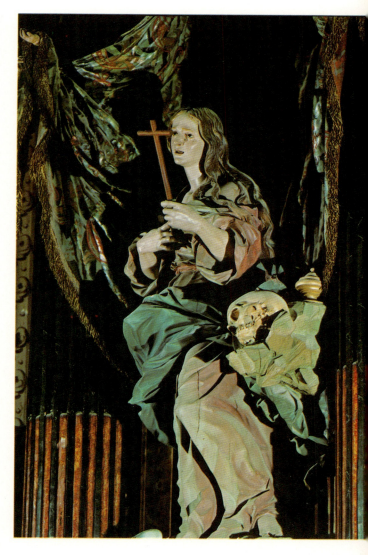

**32.** *Sagrario. La Magdalena, talla de Duque Cornejo.*

había recibido en la corte hacía poco el título de pintor del Rey. Apuntamos esto porque, aunque Gómez Moreno fechó este conjunto en 1670, sin embargo se hace necesario retrasarlo a poco después de 1676, porque en esta fecha recibió tal honor que se medio adivina en la firma aparecida al limpiar hace pocos años la *Inmaculada*.

El conjunto había que centrarlo en el Misterio de la *Asunción* ya que ésta era la advocación o título que se le había dado a esta cartuja. Con gran efecto decorativo y dinámico barroco de integración en la arquitectura, se concibió la composición distribuida en dos lienzos: uno apaisado representando a los apóstoles en torno al sepulcro que acaba de abandonar María —que queda sobre la puerta de paso al Sancta Santorum— y otro de proporción vertical en que se ofrece a la Virgen con los ángeles que ascienden a los cielos; que como decíamos, con gran acierto y efecto ilusionista queda sobre él, ya en la parte de la bóveda del presbiterio —al mismo nivel que las ventanas— a mucha mayor altura que todos los elementos figurativos de la decoración. Señalemos que la gran creación de Cano —en sus lienzos de la Capilla Mayor de la Catedral— con las mismas escenas —*Asunción, Inmaculada, Nacimiento de la Virgen, Presentación en el templo, Anunciación, Visitación y Purificación*—, y añadida a ellas los *Desposorios*, hacía casi más difícil la empresa; ya que lo magistral del modelo arrastraba a la imitación; pero Bocanegra procuró apartarse de aquéllos, aunque, como era inevitable, dada su admiración por el maestro y lo sugestivo de su arte, surgen aquí rasgos aislados de aquellas y otras obras del mismo. El pintor barroco luce su arte en dinámicas composiciones suntuosas de color, aunque los cuadros de la nave han perdido intensidad de coloración, quizás porque, cuando la exclaustración, debieron desprenderse de sus sitios para decorar algunos altares en las fiestas del Corpus. Destacan sobre todo por la delicada belleza de algunos de sus tipos femeninos, como la Virgen de la *Anunciación*, la originalidad iconográfica de la *Inmaculada*, y también merece anotarse la suntuosa composición a lo Rubens de la *Purificación*, y los abultados rasgos realistas de las figuras de gitanos que cantan y danzan en el primer plano de la *Visitación*, quizás recordando los que danzaban en la procesión del Corpus. En cuanto a la *Asunción*, de clara entonación y extremado dinamismo, da una nota de fragilidad y ligereza que anuncia el Rococó.

En fecha inmediata debió realizar Bocanegra las dos pequeñas composiciones con la *Adoración de los Pastores* y *de los Reyes*, que decoran, junto con los lienzos de Sánchez Cotán, el presbiterio; son típicas muestras de su arte amable, lleno de gracia y delicadeza. De fecha posterior debe ser la *Virgen del Rosario* que centra el retablito —de madera y mármoles de ágata— del siglo XVIII —entre 1730 y 1736— que está colocado frente a la puerta del claustrillo. Es el tipo de Virgen más característico de Bocanegra que, aunque iconográficamente procede directamente de la del maestro —copiada también por él en un lienzo de la Iglesia de Colomera— sin embargo en los rasgos idealizados —perfecto óvalo, ojos muy grandes, almendrados, de párpa-

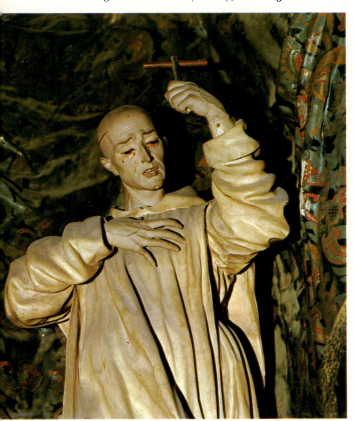

**33.** Sagrario. San Bruno *(detalle)*, talla de José de Mora.

dos abultados, boca muy pequeña y cuello exageradamente esbelto— hay una huella muy personal de blandura y delicadeza y gesto soñador típico del discípulo. El lienzo lo tendrían ya los cartujos, y se colocaría aquí, junto con una buena tabla de estilo de Morales —que la corona— al construirse este retablillo en la citada fecha.

Pero el barroquismo de la Iglesia, más que en el arte de Bocanegra, se extrema —y destaca como eje y centro— en el retablo baldaquino que se levanta en el presbiterio. Lo construyó en 1710 el arquitecto Francisco Hurtado Izquierdo que iba a realizar al mismo tiempo las obras del Sagrario. El artista con gran acierto, lo concibió como un movido y aéreo templete de madera dorada —sustentado sobre un rico basamento de mármol rojo de Cabra con piezas incrustadas en negro— en cuyo centro queda levantada en el aire la imagen de la Asunción, obra del granadino José de Mora, artista que trabajó varias veces junto a Hurtado. Como decíamos es este baldaquino el elemento que centra y atrae en la dinámica espacial del templo desde que se entra; pero que, al mismo tiempo, no cierra y oculta, sino que deja ver en parte tras él, el gran arco encristalado que separa la iglesia de la Capilla del Sagrario. Así éste queda entrevisto entre sombras y brillos desde el templo, ya que está iluminado por una ventana baja del fondo. La estructura y formas del baldaquino están concebidas con sentido calado de transparente. Las columnas —tres en cada lado, evitando la posible visión superpuesta maciza— soportan una aérea coronación formada por cuatro elementos curvados de grandes y avolutadas hojas carnosas que se enlazan con cambiante movimiento de curva y contracurva, uniéndose en el centro en una especie de pilar que se abre hacia abajo, en un doselete de pabellón que corona a la Virgen, y hacia arriba en una grande y calada corona real que parece sostienen, volando a un lado y otro, dos angelillos. Otros angelillos se posan en lo alto del entablamento de las columnas centrales y sobre esos elementos de hojas de la coronación. El efecto de calado y ligereza inestable del conjunto, lo refuerza la decoración de las columnas, con espejos incrustados, cuyos brillos y reflejos dan la sensación de estar perforadas.

## LA CONSTRUCCION DEL SAGRARIO: HURTADO IZQUIERDO Y SUS COLABORADORES

Como decíamos antes, el proyecto de construir el Sagrario con importante arco de entrada a través del presbiterio, se decidiría a mediados del siglo XVII, antes de hacerse la decoración de la Iglesia, en la que destaca como motivo especialmente rico todo lo referente a la cabecera y a dicho arco de ingreso al último recinto. La documentación existente en el Archivo Histórico Nacional —publicada por los profesores Gallego y Burín y R. Taylor— nos permite precisar y deducir conclusiones, teniendo, además en cuenta la actividad artística de Granada en esos años, pues, como venimos viendo, los Padres cartujos en los casos en que disponían de artistas entre sus legos le confiaban los trabajos, tanto de arquitectura como de pintura y de otras artes de decoración; pero al faltar éstos procura-

**34.** *Sagrario. San José (detalle), talla de José de Mora.*

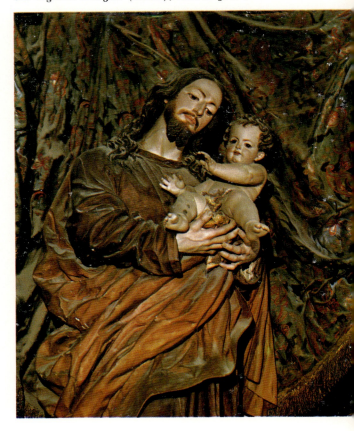

**35.** *Sagrario. Tabernáculo (detalle). Figuras de Virtudes realizadas con la colaboración de Risueño.*

ban elegir lo mejor que le ofrecía la ciudad. Así las obras del Sagrario estaban ya iniciadas en 1702; y al parecer, con destino al tabernáculo pensado para este lugar, se habían empezado a construir elementos en madera, que al cambiar lo proyectado se utilizaron por Hurtado en el baldaquino. Pero todo lo que de aquel «se hizo corrió tal desgracia que se hubo de derribar hasta la cornisa», pues así se decidió «después de muy continuadas conferencias» con *artífices del mayor nombre*. Entonces también se acordó para la mayor seguridad de toda la construcción, *afianzar las paredes*, y que, en cuanto al interior se «añadiese nueva obra y se erigiesen sobre cuatro pedestales ocho columnas», y «por de fuera, para mayor firmeza y para reguardo de los cimientos se fabricasen dos capillas». También se decidió elevar la ventana del fondo. Entre esos *artífices del mayor nombre* que se consultaron, debía estar Hurtado Izquierdo que fue el que quedó encargado del nuevo proyecto, acorde con esas decisiones. Fue, pues, la circunstancia de que este artista se encontrase en Granada lo que hizo posible, o, por lo menos, favoreció, la realización de esta obra maestra del barroco español.

El arquitecto y capitán Francisco Hurtado Izquierdo había nacido en el pueblo cordobés de Lucena en 1669 y aunque no conocemos bien su formación gozaba de cierto renombre por las obras hechas en la provincia cordobesa, documentadas a partir de 1694. En uno de estos pueblos —Priego— se desposó en 1699. Antes de su venida a Granada ya había tenido relación con artistas granadinos, y su creación más importante en Córdoba, como es la Capilla y Cripta del Cardenal Salazar, fue decorada con esculturas de José de Mora, quien también talló imágenes para las obras de Hurtado en la Cartuja granadina. La circunstancia de pasar el arquitecto a Granada fue la llamada del entonces Arzobispo en la ciudad —antes había sido canónigo en ella— don Martín de Azcargorta, cordobés de nacimiento y en relación con el citado Cardenal, cuyas indicaciones debieron ser decisivas en la determinación del Prelado que, animado de tanto fervor religioso como de afán de enriquecer artísticamente la Catedral, quería que se construyese la iglesia del Sagrario aneja

45

a este gran templo. En fecha próxima a la llegada de Hurtado —que estaba en Granada en 1704— el Cabildo de la Catedral —en 22 de enero de 1705— le nombró maestro mayor de la misma, y, además, le fueron encargadas después otras obras, como el gran retablo de Santiago —también con intervención del Arzobispo— y los púlpitos, encargo este que le ocasionó graves disgustos al artista que, por lo visto, procedió con demasiada libertad y no se atuvo a los modelos florentinos que se había comprometido a seguir.

No es extraño que Hurtado interviniera en otras muchas obras, de arquitectura y de retablista en otras iglesias y conventos de la ciudad. Hay que reconocer con Gallego Burín que «desde entonces —1705— todo el arte granadino girará en torno suyo y para él serán los encargos más importantes de aquella región». No creo sea atrevido pensar, que el citado Arzobispo, dada su relación y devoción por la Cartuja —que frecuentaba y en la que vivía días de retiro— y su interés por el arte religioso —y en concreto por el de Hurtado— fuese quien pusiera en contacto a éste con aquella comunidad.

Las obras de la Capilla del Sancta Sanctorum debió comenzarlas Hurtado durante el priorato del P. don Francisco de Bustamante, iniciado en junio de 1709, fecha en la que ya estaban adquiridas con dicho destino las imágenes de San José y San Bruno, talladas por José de Mora, y la de San Juan Bautista realizada por José Risueño. La obra la emprendió Hurtado animado del mayor entusiasmo y devoción, pues sabemos por el dicho Prior que la realizó el artista desinteresadamente sin miras de compensación económica. Según los documentos —publicados por Taylor y Gallego Burín— vemos cómo hace constar el citado prior que «sólo se le hicieron algunos moderados hagasajos, porque aviendole conseguido la Administración de los Propios y Alcabalas de la villa de Priego, no sólo lo tuvo por suficiente aplicación y cuidado, sino es que regaló a la casa con una pintura de Santa Maria Magdalena de mano del Racionero Cano». Pensemos que el artista se había asentado con su familia en Granada desde 1709 y que cuando comenzó a actuar en Priego en dicho cargo es a partir de 1712, fecha en que lo principal de la obra arquitectónica debía estar muy avanzado, pues es entonces precisamente cuando el pintor don Antonio Palomino —también cordobés— comienza a realizar la pintura de la cúpula. Pero entonces Hurtado continuó haciendo visitas a Granada y atendiendo a las varias labores de esta obra de una manera especial; no sólo proyectando y dirigiendo los trabajos, sino cambiando y enriqueciendo lo proyectado inicialmente, en un proceso de superación en el que participaban los colaboradores, el Prior y la comunidad entera. Lo que se consiguió al final fue algo muy superior a lo pensado y presupuestado. Esta manera de ir modificando la obra, sobre la marcha, respondía a la manera preferida de trabajar de Hurtado, apartándose del más frecuente proceder del arquitecto de proyectar y ejecutar; para ello contaba con la intervención de todos, deseosos de superar toda clase de perfecciones. Así se llegó a conseguir una obra concentrada en su abundancia de elementos, y refinada hasta el preciosismo, en riqueza de materiales y sutilezas de traza y de ejecución. Se explica que su costo llegase a los seiscientos mil reales; pero la comunidad entusiasmada no regateó dinero ni esfuerzo. Así se declara en la anotación de gastos de dicho priorato: «Previénese que no se intentó obra tan grande y costosa, pero de suerte fué eslabonando lo uno con lo otro, que conducidos al parecer de un santo engaño, nos hallamos con la obra hecha».

El espíritu de emulación movía, pues, a todos los artistas que realizaban los múltiples trabajos en mármoles, estuco y bronce, aparte las labores de policromado, estofados, decorados y bruñidos, y las más puramente pictóricas y escultóricas de los frescos, lienzos e imágenes. La referencia documental a la labor de cantería del maestro Atienza descubre claramente la forma como intervenían algunos de los principales colaboradores; no realizando mecánicamente la copia del modelo dibujado, sino ideando sobre él primores y sutilezas. A esa manera de proceder se refiere el Prior —en carta de 13 de junio de 1711— que habla de «la enchapadura, en que trabajan cinco oficiales y en las pilastras de las columnas en que con gran primor entiende el maestro Atienza». Y dos meses después —el 11 de agos-

**36.** *Sagrario. Una de las figuras de Virtudes de los ángulos del tabernáculo.*

to— pondera la labor de éste: «y en cuanto a la obra del Sagrario, no ha podido su abilidad adelantar más de lo que tiene executado, y en lo que falta no se descuidará en discurrir lo más primoroso». Queda claro en esa expresión *discurrir* que el maestro buscaba personalmente primores en la labra de la decoración que realizaba. Y naturalmente, con mucha mayor libertad procedería Palomino, con la colaboración de Risueño, en la realización de las pinturas, dentro de los campos señalados y aun más los escultores, como el mismo Risueño y Duque Cornejo, en cuanto a las imágenes, aún cuando habían de adaptarse a los espacios y ritmos señalados en el proyecto general de Hurtado.

Que éste trabajaba rectificando y completando lo realizado, incluso con trabajos de pintura ya ultimados, lo vemos patente en una carta que envió al Prior del Paular el 16 de febrero de 1716, en una de las visitas que hacía para ir ultimando la obra; prueba de que había que completar con trazos y nuevos modelos estudiados en su sitio. Así, le escribe: «Tres dias a, que estuve güesped en la Real Cartuja entretenido en algunos modelos para el Sagrario que está alaja preciosa, y hoy estoy trazando la solería principal que es lo último que hay que hazer. Nuestro Reverendísimo Padre Prior —concluye— está gustoso, y mucho, porque en todo parece se le ha dado gusto y se le ha acertado». Queda claro que, aparte esos *modelos* para que los realizaran canteros o tallistas, la rica traza geométrica del pavimento no la hizo hasta este momento en que estaba casi todo terminado. Esos trabajos últimos continuaron; y en 1720 sólo faltaba la urna para el Santísimo y algunos adornos de bronce dorado para el tabernáculo. En cuanto a los trabajos de los dos oratorios laterales —a los que abren los óculos del Sagrario— cuya construcción fue autorizada en 1713, no se ultimaron hasta después de aquella fecha, aunque sí estaban dispuestas las imágenes de la *Inmaculada* y la *Magdalena*, talladas por Duque Cornejo, que habían de colocarse en sus retablitos. Posiblemente se acabarían entre 1723 y 1728; quizás después de muerto Hurtado, que falleció en Priego en 1725.

Como vemos la construcción del Sagrario supuso un entusiasta y mantenido esfuerzo de todos, alentados por un ansia de superar perfecciones en invención y maestría técnica, alentados por la idea genial del arquitecto que perseguía un efecto sorprendente, tanto de la visión de conjunto como de la visión aislada de cada figura y elemento ornamental, integrados en la más perfecta unidad. Si sabia y consciente es la traza y concepción de formas y dinámica espacial, no lo es menos la finura de ejecución, el preciosismo, de todas las partes. El artista acertaba plenamente cuando calificaba de *alhaja* la obra que estaban ultimando. En verdad que, sobre todo el tabernáculo que lo centra, tiene efectos de verdadera obra de orfebrería. Es como una gran custodia de mármoles coloreados y oro.

## EL SAGRARIO, REALIZACION DEL IDEAL ESTETICO DEL BARROCO

Se realiza en esta obra el ideal artístico barroco tanto en lo referente a la unidad integradora de todos los elementos formales e ideológicos, como a la conjunción de todas las artes en el más pleno colectivismo estético. Así, la arquitectura no sólo incorpora a las demás artes, como se da en el gótico, sino que las integra, y se sirve y a la vez las sirve y refuerza en mutua expresividad, en una conjunta funcionalidad estética y religiosa. Este refuerzo y potencialización de lo visual —en formas, líneas y colores— y con ello de lo dinámico y religioso, se explica aún más por razón de la espiritualidad cartujana, cuya vida preside el silencio y con ello la sensibilidad, en su más recóndito mecanismo psicofísico, tiende y se recrea en la más completa, sugestiva y envolvente expresividad de todo lo que habla al sentido de la vista y repercute por esa vía sensorial en lo más íntimo de la vida del alma.

Esa realización ideal de colectivismo artístico se explica también que se logre aquí de forma maestra en cuanto a su consecución técnica, por el hecho que hemos comentado de que su arquitecto, Francisco Hurtado Izquierdo, pudo realizar su proyecto en una muy íntima unión

**37.** *Sagrario. Otra de las figuras de Virtudes que adornan el tabernáculo.* ▶

con sus colaboradores, todos ellos maestros, tanto los escultores, José de Mora, Duque Cornejo y José Risueño —lo más destacado y exaltado del barroquismo andaluz del comienzo del siglo XVIII— como los pintores, con el más grande decorador de entonces, el tan sabio como práctico don Antonio Palomino y su colaborador granadino, el citado Risueño, al que estimaba como el más grande dibujante de Andalucía. Lo mismo hay que decir de los canteros tan diestros como el maestro Atienza, artista capaz de dar soluciones personales a los dibujos del proyecto. Y todo ello envuelto e impulsado por un apasionado interés del prior y de la comunidad —de donde surgiría algún colaborador— que atendía como el arquitecto a la selección de los mármoles y demás materiales, en una desbordante entrega y generosidad que hizo que la obra —en esa íntima colaboración de todos— fuese cambiando y enriqueciéndose en sus elementos y decoración —superando la idea inicial y sobrepasando todo lo presupuestado— en un proceso creativo en el que, por dicha participación entusiasta de todos, fue posible esa perfecta unidad que les permitía pensar que estaban creando algo sin igual en toda Europa. En esa conjunción de elementos, intervienen con las formas arquitectónicas, los más variados elementos ornamentales, y utilizando la mayor riqueza y variedad de mármoles que podamos imaginar, resaltados por los oros abundantes —en estucos, madera y bronce—, las pinturas, al fresco, en la cúpula y trozos de muro descubiertos, en grandes y pequeños lienzos y las abundantes y movidas esculturas que completan la expresión de las formas y de la idea eucarística —en figuras alegóricas de Virtudes, Santos y Angelillos, y, como eje la urna de plata y cristal para el Santísimo —destruida durante la invasión francesa— que simbólica y expresivamente desprendería el máximo brillo en el conjunto.

Lo constructivo, y lo propiamente ornamental —en extremado sentido barroco de subversión de valores, se impone cuatitativa y sensorialmente sobre aquél— quedan plenamente integrados conjuntamente, y con ellos los elementos escultóricos figurativos y los lienzos y zonas de muros y cúpula correspondientes a la pintura. Todo sirve a una idea y todo se integra formalmente en un complejo conjunto plástico que nos envuelve con poderoso estímulo visual de elementos en movimiento, y con ello de efectos de color y claroscuro.

En lo esencial arquitectónico, las líneas y elementos constructivos estructurales, podemos decir que son normales y simples; pero no obstante con alguna particularidad que les da movilidad a las formas y favorece la complicación de lo ornamental y su integración en lo constructivo. Hurtado procedió según lo establecido inicialmente —por la reunión de maestros—, para la mayor solidez arquitectónica. Así, la simple traza y alzado, de un cuadrado que sobre cuatro arcos adosados sirve de sostén a una cúpula sobre pechinas, se altera en cuanto que las columnas sobre basamentos, recomendadas en dicho informe, las sitúa distanciadas, determinando unas pechinas trapezoidales que Hurtado rompe con un hueco que penetra como trompa, con concha en el fondo —sugerido como se ha dicho, especialmente por Taylor, por la solución dada por Cano, de ventanas semicirculares abiertas en ese espacio, como se ve en la Iglesia de la Magdalena—; lo que determina un movido juego de curvas —pequeñas y grandes— por la alternancia con los grandes arcos, y en ritmo de contracurvas con respecto a la línea circular del anillo de la cúpula.

Con respecto a la planta, Hurtado ha sabido enriquecerla en su traza dándole una modelación dinámica al espacio, buscando una correspondencia o compenetración a cada uno de los frentes y ángulos del recinto respecto a los movimientos de entrantes y salientes del tabernáculo central que alberga al Santísimo Sacramento, eje en todos los sentidos de la Capilla. Así, si en las esquinas queda un espacio rehundido entre las dos grandes columnas, el tabernáculo, en correspondencia, proyecta en sus ángulos unos cuerpos salientes rematados con movidas figuras de Virtudes. De la misma manera correspondiendo al espacio que queda rehundido entre estos salientes, los muros avanzan en su centro con un rico cuerpo centrado por un óculo envuelto por movido moldurajes, coronado por saliente penacho, y soportando a un lado y otro figuras de Virtudes que acompasan con el movimiento general. Para mayor compenetración es-

**38.** *Una de las figuras de Virtudes que decoran los frentes del Sagrario.* ▶

pacial, en los intercolumnios de los ángulos del recinto, en su parte media, se destacan sobre mensulones cuatro imágenes que quedan albergadas por cortinajes —pendientes de doseletes— que levantan a un lado y otro figuras de angelillos. Hay pues, en la dinámica espacial del conjunto que forma la capilla y el tabernáculo, una compenetración que hace exista un saliente o un entrante en los muros según se mueve ese gran elemento central que alberga la Eucaristía.

De la misma manera, si todo el ámbito se mueve en función del tabernáculo, también en el alzado esa atracción que ejerce éste como centro nos arrastra e impulsa en dos movimientos centrales contrapuestos. Porque, junto al principal ascendente, que impone la estructura piramidal del tabernáculo, lanzándonos hacia arriba a la contemplación de la visión celestial que se descubre en la cúpula, vemos que el interior del tabernáculo, en sus dos cuerpos, se resuelve en bóvedas colgantes, que impulsa un movimiento de concentración hacia abajo, llevando nuestra atención hacia ese punto en que se encuentra el Santísimo Sacramento. El efecto dinámico de concentración y convergencia en ese punto clave de misterio y emoción de lo sagrado se intensificaría aún más si viéramos brillar refulgente la urna original, de plata y cristal, en la que se reflejaría vibrando la luz que penetra por la ventana del fondo. El Sagrario que vemos hoy, trabajo cuidado —en maderas preciosas con adornos de bronce— de fría traza neoclásica, se hizo en 1816 —para sustituir el robado por el General Sebastiani— y su aspecto opaco y pesado contradice aquel efecto de sorpresa y misterio buscado por Hurtado Izquierdo en la concepción dinámica y luminoso-colorista del conjunto.

Dentro de esa dinámica espacial del recinto que impulsa hacia el Santísimo Sacramento y hacia la visión del rompiente celestial de la cúpula, hay que señalar cómo tanto los elementos arquitectónicos como los motivos de decoración obedecen todos a la traza más movida y agitada, como si todas las formas estuvieran en ebullición. No hay nada en reposo; todo se mueve, se curva, se agita y se retuerce, en juegos de curvas y contracurvas, y con un desbordamiento y abultamiento de los motivos ornamentales de molduraje, hojarasca y florales, en forma que las pocas líneas rectas que se nos descubren están cortadas o interrumpidas, o contrastadas con cambios de coloración de los materiales. Hasta los molurajes de las curvas obligadas de los arcos y anillo de la cúpula se desarrollan onduladas vibrantes lo que con el brillo del oro resulta de un efecto de temblor y movilidad continua o cambiante. No hay, pues, planos lisos ni neutros en que el espectador pueda encontrar una superficie quieta en que repose la mirada; se ve forzado a entregarse a la movilidad que impulsa todo el conjunto. Porque, además, los cambios de coloración de los mármoles impiden la sensación de quietud y solidez en los elementos arquitectónicos más simples, como ocurre con los basamentos de las columnas. El macizo o plano está evitado, porque, sobre el conjunto del mármol gris caliente de Sierra Elvira, se inscribe una placa de mármol rojo de Cabra y sobre ésta a su vez otra pieza saliente de mármol negro. La sencillez de la traza queda alterada y con ello la visión quieta. Es de señalar, como rasgo que contribuye al efecto de movilidad y desbordamiento de lo ornamental, el que los elementos constructivos esenciales, como son las columnas, se ofrezcan con fustes casi totalmente negros; así, de acuerdo con el mecanismo psicofísico de la visión, de que lo claro aproxima y lo oscuro aleja, quedan para la vista relegadas y casi anuladas. De esta manera se nos ocultan mientras que se nos impone y viene encima el oro de capiteles y adornos y los elementos sobrepuestos de los pabellones con cortinajes que cortan las líneas de aquellas, y se destacan con violencia, llamando en todos sentidos nuestra atención. En cuanto a las columnas del tabernáculo también son negras, pero además de mármol bruñido y de traza salomónica. La visión de penumbra de la capilla, con la única luz de la ventana del fondo, hace que veamos sólo un oscilante y dinámico relampagueo, borrando toda sensación constructiva de estar sosteniendo. En relación con ese principio de dar la sensación de movilidad e ingravidez, es de señalar también cómo los perfiles dorados de las ricas molduras onduladas de los grandes arcos y de las trompas de las pechinas quedan aislados de las cornisas

◀ **39.** *Cúpula del Sagrario pintada por Palomino con la colaboración del granadino Risueño.*

**40.** *Sagrario. Detalle del arranque de la cúpula, con pechina pintada por Palomino.*

por una zona oscura que hace se ofrezca a la vista todo el cuerpo de la coronación, como si fuera algo que pende flotante sin apoyarse en los lógicos soportes de las columnas y entablamentos. El recurso se repetirá en la Sacristía; en este caso empleando una zona intermedia aislante de color azul, que igualmente da la sensación de lo aéreo y lejano.

La conclusión general es que lo constructivo sustentador se nos distancia y oculta, mientras que lo ornamental, que se ha hecho sobreabundante y desbordante, intensificado por ofrecerse con el brillo del oro, se impone como si todo obedeciese al principio de subversión, de valores de preeminencia de lo ornamental, y con ello de lo movido y dinámico sobre lo estático. Unamos a todo ello el predominio del mármol rojo de Cabra, de vibrante veteado —que luce especialmente en el tabernáculo y en los cuerpos laterales con óculos para la adoración del Santísimo— y también las características especiales de la ornamentación, como la multiplicación de moldurajes ondulantes dorados en todos los arcos y los golpes de decoración floral de hojarasca carnosa abultada que rompen las líneas y anulan los planos. Y todo ello reforzado por los efectos de la luz que reverbera más intensa, por la razón de esa única procedencia de la ventana del fondo que oculta el tabernáculo, que impide el que la iluminación pudiera hacer plana o igual la visión de las formas. Los primores de las incrustaciones de mármoles en el tabernáculo —que hacen pensar en los alicatados musulmanes— y las sutilezas de la decoración de las aplicaciones de bronce dorado en el mismo, y el preciosismo —con bruñidos y esgrafiados— dentro de la policromía dorada de las figuras de Virtudes que lo encuadran, aparte lo aéreo de su arquitectura, hacen que nos sintamos atraídos hacia él como portador o custodia del Santísimo Sacramento. Todo ello contribuye a que perdamos la idea de arquitectura y gocemos esa compleja creación en que todo se integra con preciosismo de orfebre, y nos sintamos movidos hacia la valoración del misterio que encierra, pues cuando la urna brillase con la plata y cristal, intensificaría con sus tonos fríos —en contraste con el predominio de lo cálido y sombrío del conjunto— esa emoción de lo numinoso

**41.** *Retablo de uno de los oratorios adosados al Sagrario, con Inmaculada de Duque Cornejo.*

que con la luz y la sombra logra su expresión y comunicación más directa e intuitiva en el arte. La conclusión es que, como en todas las grandes obras del barroco, el más extraordinario halago y excitación sensorial, puede llevar, por esa vía de lo aparencial de los sentidos, a sugerirnos lo más grave y trascendente del espíritu religioso.

## LA ESCULTURA Y LA PINTURA EN EL SAGRARIO: SU INTEGRACIÓN Y FUNCIÓN EN EL CONJUNTO

Venimos destacando como esencial rasgo caracterizador de este conjunto, y por ello como máxima expresión del ideal estético barroco, la completa síntesis de las artes que en él se realiza y la plena integración de todos los elementos, de acuerdo con una completa unidad expresiva, plástica, dinámica y simbólica. Así, las esculturas se integran de tal forma en el conjunto que perderían sentido separadas del lugar en que están colocadas. Pensemos en cómo potencializan sus valores plásticos y expresivos las figuras de *Virtudes*, colocadas en los cuatro ángulos del tabernáculo. Con sus agitadas actitudes de aire berninesco, de un fluir dinámico de transitorios movimientos, en imprecisa posición entre arrodilladas y sentadas, parecen tender a lo flotante, como impulsadas hacia arriba por la fuerza que le comunican los basamentos —curvados en la parte interior— sobre la que están colocadas. También las figuras de *Virtudes*, situadas sobre los cuerpos con óculos, son de agitado movimiento flotante e inestable que se acentúa por el fuerte dinamismo de los vigorosos elementos curvos avolutados y concha central que rodean a dicho óculo. La transitoriedad de sus movimientos las hace inimaginables fuera de ese lugar. Igualmente ligadas a la dinámica general del conjunto, y realizando una acción aún más transitoria, se ofrecen volando los angelillos que levantan los ricos cortinajes de los pabellones que albergan las imágenes colocadas sobre repisas en los ángulos del recinto. Y aun más ligadas al ritmo de curvas y contracurvas del conjunto arquitectónico se ofrecen otros angelillos que, sosteniendo cuernos de la abundancia, coronan los retablos o encuadramientos de las pinturas laterales enlazándolos con la curva de arranque de la cúpula. La rica variedad cromática del conjunto y la desbordante decoración floral y de moldurajes en oro, brillando por todas partes, enlaza aún más, junto con los efectos de luz, todas esas dichas figuras que se agitan o vuelan. Es forzoso pensar que en el proyecto de Hurtado existió esta concepción de integración escultórica, y que los escultores colaborarían buscando ese efecto de conjunto.

Pero hay cuatro imágenes que con toda lógica están concebidas de distinta manera y que por ello consiguen su plena expresividad. Son éstas las de los ángulos que representan a *San José*, *San Bruno*, *San Juan Bautista* y la *Magdalena* —obras, como se dijo, de Mora, las dos primeras y de Risueño y Duque Cornejo respectivamente, las otras dos—. Las *Virtudes* se nos ofrecían todas con una análoga policromía; de varia coloración las situadas en los laterales, y de predominio de oro, con bruñidos refulgentes, las del tabernáculo; pero todas ellas diríamos que obedeciendo a una concepción decorativa o fantástica. Por el contrario, las dichas imágenes se ofrecen con una sóbrida policromía de sentido naturalista y, aunque con movimientos exaltados algunas, quedan dentro de la visión real, propia de una imagen concebida para ser contemplada y venerada. Pero, precisamente, esa visión de contraste debió ser buscada por el arquitecto, pues ello favorece el efecto de teatralidad y transitoriedad. Las imágenes se nos descubren al entrar, como si los angelillos, volando, hubieran levantado los cortinajes para que las contemplemos. Así, si todo el conjunto responde a una concepción escenográfica de apoteosis de auto sacramental, estas visiones de los cuatro ángulos responden a la función que desempeñaban las llamadas *apariencias* en el teatro barroco. También en ellas se descorría de improviso una cortina que descubría figuras, ya quietas, ya en acción, o bien imágenes y pinturas. Así, aquí, se nos da la ilusión de que las cortinas son levantadas para que contemplemos las imágenes que asisten a la general apoteosis eucarística.

En cuanto al autor de esas seductoras figuras de *Virtudes*, se pensó por Gómez Moreno podían atribuirse a Risueño, cosa que repite Gallego y Burín. Es verdad que la belleza y gracia de sus tipos y su concepción barroca recuerdan mucho algunas figuras femeninas del granadino —aunque aquí hay más ecos italianos—; pero la primorosa técnica de su policromía no es frecuente en él. Claro es que la índole de las figuras y su función en el conjunto obligaba a una policromía, no ya fuera de lo individualizado y realista —como se ofrecen en las imágenes

**42.** *Vista de conjunto de la Sacristía desde la puerta de entrada.* ▶

de los Santos— sino acorde con una entonación de colores y oros que ligaragan plenamente con lo arquitectónico y ornamental y que las uniera entre sí de acuerdo con su función alegórica. Tienta pensar pudo darse, junto a las indicaciones de Hurtado, una colaboración de Duque Cornejo, aunque en las imágenes de éste no se dé normalmente la finura y delicadeza de aquéllas, pero sí pudo intervenir en la talla de ropajes y en la policromía. Comprendemos la vacilación de Sánchez Mesa —que ha estudiado detenidamente el arte de Risueño— al considerar estas figuras, viéndolas en relación con el arte de ambos escultores. Era natural que Risueño, muy estimado por la comunidad —para la que había hecho las imágenes ya citadas y un pequeño crucifijo celebrado por Palomino— y también colaborador en la pintura, interviniera en la labor escultórica del Sagrario. Quizás no sea atrevido pensar que intervino, de acuerdo con dibujos de Hurtado, en la talla de las Virtudes —pero no en la policromía— sobre todo en los rostros y manos. Ello, dada la realidad de ser un trabajo de íntimas colaboraciones, no impide una intervención de Duque Cornejo y de su taller.

Como ocurre con la escultura, también las obras de pintura en este conjunto no constituyen simple adorno, sino elementos integrados, tanto en la concepción plástica, visual y dinámica, como en la expresión de un sentido espiritual de exaltación del Sacramento de la Eucaristía, junto con la glorificación de la Orden cartujana. Si externamente, los lienzos constituyen por su naturaleza algo aislado, sin embargo, por su temática, se ligan íntimamente a esa idea religiosa, y más aún la pintura al fresco del arco de entrada y sobre todo la visión de la cúpula, donde lo representativo y narrativo refuerza el sentido de acción del conjunto de apoteosis sacramental.

El artista a quien se le confió toda la obra de pintura fue el cordobés don Antonio Palomino Velasco —1655-1726—, nuestro gran tratadista de arte, quien la realizó asistido con la colaboración del citado escultor, arquitecto y pintor granadino José Risueño, que entonces se encontraba también en su plenitud artística. Si Palomino era entusiasta admirador de la «eminente arquitectura del esclarecido ingenio, del insigne arquitecto y Maestro Mayor don Francisco Hurtado Izquierdo», también estimaba al artista granadino considerándolo como el *mejor dibujante de Andalucía*. Este, por su parte, con su lienzo de la Iglesia de Santiago, en que reproduce el conjunto de la cúpula, nos demuestra correspondía a esa estima, al mismo tiempo que su relación con dicha gran obra pictórica del Sagrario. Palomino había demostrado ya, sobre todo en sus obras hechas en la Corte, en Salamanca y en Valencia, que poseía dotes y conocimientos para la gran pintura al fresco de muros y cúpulas como ningún otro español de su tiempo. Como sabio y erudito, poseía, además del dominio de la práctica de las técnicas pictóricas, las dotes de cultura para *idear* y *proponer argumentos*, con alegorías y asuntos de la historia bíblica y eclesiástica que exigía una decoración del Sagrario de una Cartuja en la que habían de unirse lo teológico, lo escriturario y lo histórico.

Recordemos que al hacer la traza y, en los primeros años de la construcción de ésta Capilla no se pensó en darle a la decoración pictórica la importancia que después se le concedió. Así lo confirman algunos de los documentos que publicó Taylor en su estudio sobre Hurtado Izquierdo. A fines de 1711, los Padres cartujos decidieron dirijirse a Palomino para que interviniera en la decoración, pero pensando sólo en que realizara los seis lienzos que adornan sus frentes: los dos grandes que centran los testeros laterales y los cuatro menores de la parte alta que quedan sobre los anteriores y sobre la ventana del fondo y arco de entrada. El Prior don Francisco de Bustamente, el 13 de Octubre de dicho año, se dirigió al procurador de los cartujos en Madrid para que viese al artista y *tantease* el precio de esos seis lienzos con figuras «de la ley natural y escrita que representase el sacrosanto Sacramento de la Gracia». No conocía el prior granadino al pintor ni tampoco sus obras, pero sí era sabedor, porque se lo habían dicho —hay que suponer que por Hurtado Izquierdo—, del *primor* y *valentía* que tenían sus pinturas, que *hacía ventaja a todos los artífices de este tiempo*. Así se lo exponía al dicho Padre procurador, cuando volvió a dirigirse a él para

**43.** Sacristía. Visión de conjunto de la bóveda, cúpula y cornisas.

**44.** *Sacristía. Bóveda de la nave.*

que manifestara al artista que esperaba «merecerle más humanidad en los precios», aduciéndole al mismo tiempo *el afecto que profesaba* a la Cartuja y *la utilidad que le podía ocasionar tener en ella, a vista de tan populosa ciudad, algunas obras.* Pero antes de que llegaran a realizarse esos lienzos, en carta de 29 de diciembre, vemos al Prior solicitar del pintor, por el mismo conduto, le informase del precio *que había de tener el pintar al fresco toda la Capilla,* así como de las *circunstancias de viaje y posada, si quería hacerla en la casa todo el tiempo que tardare en pintar,* teniendo en cuenta que *en ella no podía comer carne.* El Prior pensaba en este caso, si no sería necesaria la pintura de los lienzos; «si no es —agregaba— que con la variedad de pintura al óleo y fresco se considere quedar con más singularidad y hermosura».

Podemos, pues, deducir con seguridad que en el proyecto no estaba previsto que la cúpula fuese decorada con pintura, y que no estaba hecha en esas fechas la decoración de los muros. También se puede deducir que la idea, aunque surgida sobre la marcha, debió partir de Hurtado; pues en la carta del Prior se recuerda el precio en que Palomino tuvo ajustada la pintura

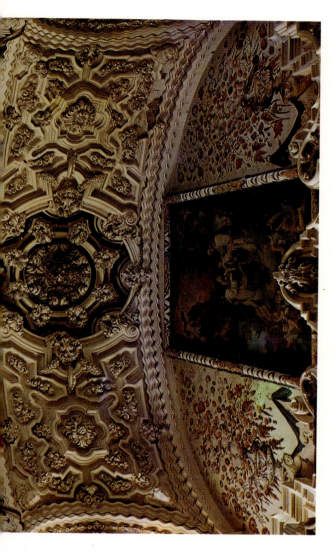

de la Capilla del Cardenal Salazar en Córdoba, dato que sólo el arquitecto, como autor de ella, se lo pudo proporcionar. El mismo Hurtado sería el que, como paisano y conocedor del pintor y de su arte, le sugiriera a los cartujos *el nombre de éste* y quien le hablaría al Prior de sus dotes «así en el primor del pinzel cómo en expresión de los pensamientos».

Palomino en fecha muy próxima —1712— aceptó el encargo e ideó la composición de la cúpula. La idea o argumento que ofreció a los monjes la conocemos, porque la recogió al final del tomo segundo de su *Museo Pictórico* —junto con las de otras decoraciones que realizó— como demostración y alarde de *empresa tan difícil* como la de *formar ideas* y *proponer argumentos,* para lo que «no basta ser hombre docto, si no tiene inteligencia del arte». En este caso el pintor había de servir una idea e integrar su pintura dentro de una concepción, no sólo formal, sino también ideológica. A juzgar por el referido escrito de Palomino, hubo algún ligero cambio y ampliación en la realización del trabajo. El artista no habla de las figuras de Melquisedec y de David ni de la visión de Gloria que decoran el interior del arco de entrada. Son figuras, por cierto, que impulsan al visitante en ese sentido de concentración y mirar hacia el tabernáculo, de que antes hablábamos. Melquisedec se dirige hacia él levantando en ofrecimiento los panes, David, incluso nos lo señala con su mano.

Con acierto y respondiendo al sentido centralizado de la idea y composición pictórica, el punto central de la ilusionista visión de Gloria de la cúpula lo constituye la custodia con el Santísimo Sacramento. Pero de acuerdo con el salmista —según nos explica el propio Palomino— ésta se haya colocada sobre el globo del mundo, el cual a su vez está sostenido sobre los hombros de San Bruno, que asciende sobre una nube luminosa. Arcángeles y serafines adoran y rodean la apoteósica visión.

«Más arriba —dice el autor en su *idea para la pintura de la cúpula*— estará el trono de la Trinidad Santísima, acompañado también de ángeles y serafines, y a la mano derecha estará la Reina de los Ángeles... a quien seguirá el coro de las Vírgenes... que siguen a el Cordero... A el otro lado estará el Sagrado Precursor San Juan Bautista, a quien seguirá el coro de los profetas, patriarcas, anacoretas y solitarios. En la parte superior se pondrá el coro de los sagrados apóstoles... y lo restante se ocupará con otros santos mártires y confesores y algunos de la religión cartujana, y otros naturales de este reino de Castilla. En otras partes se pondrán coros de ángeles con instrumentos y papeles de música; y los sagrados doctores de la Iglesia se pondrán los más cercanos a el Sacramento, en especial aquellos que más se señalaron en escribir de éste soberano misterio: como San Agustín y Santo Tomás... y los cuatro sagrados

**45.** *Sacristía. Parte alta de los pies del recinto, con pintura del lego Francisco Morales.*

**46.** *Sacristía. Visión lateral de conjunto de un tramo de la nave.*

**47.** *Sacristía. Cúpula, con pinturas de Tomás Ferrer.*

evangelistas se reservan para colocarlos en las cuatro pechinas». Como complemento del gran conjunto de la visión de la Gloria, el pintor, en la zona baja de la cúpula «en el recinto del sotabanco», proyectaba destacar *cuatro compartimentos de corredor, que vengan a terminar... en un pedestal, capaz de recibir una figura sentada*. Eran los sitios destinados para las figuras alegóricas de la Fe, la Religión monástica, el Silencio y la Soledad. La cuidada representación alegórica respondía a lo preceptuado en la *Iconología* de Cesare Ripa. Además, entre esos cuatro elementos con figuras, y dando una sensación de corporeidad como unidas al anillo, proyectó colocar envueltas en cartelas coronadas de un jarrón de flores, *unas medallas aovadas... en que se han de fingir grabadas historias del Testamento Nuevo*. La *idea* dejó de cumplirse exactamente sólo en alguna parte de este último plan, pero en general lo proyectado —que debió ser acompañado de los correspondientes dibujos y bocetos de los que quizás proceda el citado lienzo de Risueño— lo realizó el artista con completo éxito. La síntesis de la ambiciosa concepción alegórica la condensa al final, demostrándonos lo madurado de su idea y su perfecto estilo acorde con el sagrado lugar. Así nos dice: «Con todo lo cual queda formado en éste recinto un concepto de Iglesia Militante, donde con el principal fundamento de la Fé se erige el sagrado edificio de la religión monástica; y especialmente es un panegírico mudo de la sagrada religión cartujana, fundándose con singularidad en el silencio, soledad, contemplación y doctrina; por cuyos medios se asegura el logro de la bienaventuranza eterna en la Jerusalen triunfante, representada en la Gloria... dirigiéndose los repetidos inciensos de ésta santa comunidad a el mayor obsequio de este Soberano Señor Sacramentado».

Si en cuanto a la doctrina o concepto la obra debió satisfacer a los Padres cartujos —dado que no le hicieron modificar nada importante—, aún sería mayor el éxito conseguido con su realización entre éstos y los artistas colaboradores. La técnica del fresco era ya de su completo dominio, y la seguridad del dibujante pudo igualmente hacer alarde en las visiones en perspectiva con figuras en escorzo o volando. Y, si la gradación establecida por la perspectiva lineal fue hábilmente representada, aún mayor acierto tuvo el colorista en la visión de perspectiva aérea para conseguir el efecto de luminosidad y distancia de la visión celestial. Supo establecer con las sombras transparentes y los cambios de tonos y colores, el más ilusionista efecto de inmensa altura y lejanía. Sabiamente se dejan aparecer, entre las nubes rosadas, trozos de brillante y transparente azul que con su nota de frialdad sugieren lo aéreo e infinito. Su decisión de colocar en el arranque de la cúpula unas grandes cartelas, fingiendo ser realidad corpórea, con intensa y cálida entonación ligada al molduraje del anillo, es otro acierto de ilusionismo barroco. Con ello logra un plano, a la vez de enlace y contraste con la visión celestial. Palomino, identificado con la concepción de Hurtado, supo integrar su obra pictórica tanto en su efecto plástico visual como en su expresividad.

En cuanto a la pintura de los lienzos, ya dijimos cómo le fue encargada a Palomino en 1711, con anterioridad a la decisión de decorar al fresco la cúpula. Aunque el Prior vaciló al decidirse esto último, pensando si sería conveniente mantener junto al fresco la pintura al óleo —prueba de que no estaba resuelto por Hurtado—, sin embargo, persistió la idea inicial junto a la nueva, posiblemente, por decisión de Hurtado y Palomino. Hay que reconocer que esa visión simultánea, próxima, de las dos técnicas pictóricas resultó de gran efecto por el acierto del arquitecto, que supo envolver, contrastar o aislar con los elementos arquitectónicos y ornamentales, los lienzos y las superficies del fresco, en forma que cada cosa se valora en su ámbito o encuadramiento.

El pintor, pues, realizó estos lienzos de acuerdo con las indicaciones que le fueron hechas en el primer momento, en las que se le precisaba, no sólo las dimensiones, sino también —lo que era más importante para la visión del conjunto en perspectiva— la altura en que habían de estar colocados. En cuanto a los asuntos, ya en esa carta primera de 1711 se le encargaba al procurador en Madrid, previniera al pintor a manera de ejemplo —«para que sepa lo que se le pide»—, —«que en uno de ellos se ha de pintar lo que refiere el capítulo quarto del éxodo en que dice el sagrado texto que caminando Moisés con su mujer y hijo a Egipto y queriendo matarle un Ángel, Sephora su mujer circuncidó con una piedra muy aguda, a su hijo, y se aplacó el Ángel». Este es en efecto uno de los asuntos realizados en uno de los grandes lienzos, sin duda alguna el más acertado por su dinámica composición, su violento efecto de claroscuro y rica coloración. El artista ha elegido el momento culminante de la acción: cuando el Angel desciende impetuoso levantando la espada, Moisés queda asombrado, y su esposa acaba de circuncidar al hijo, que llora en sus brazos, mientras otro pequeño esconde asustado su rostro en el cuerpo de la madre.

Los demás asuntos debieron ser elegidos por el propio artista, ya que el Prior —como manifestaba en otra carta— tenía confianza en el acierto con que los realizaría: «no sólo en la balentía y coloridos del dibujo, sino en el alma de lo que explique y represente». El otro gran lienzo compañero representa a David y Abigail, que, aunque más simple de composición y de más fría entonación de color, es igualmente típico de ese barroquismo último exaltado en movimiento y gestos, y acorde en todo con la movilidad y riqueza colorista de todo el conjunto. Los lienzos pequeños de la parte alta, con escenas de la vida del Rey profeta, son composiciones de medias figuras —según le indicó el Prior en su primer encargo—, concebidas, acertadamente, con violenta iluminación tenebrista, de fuertes contrastes de claroscuro; lo que permite que destaque la composición dentro del tono de penumbra en que queda esa zona alta de la capilla y al mismo tiempo haga intensificar por contraste la luminosidad de la pintura de la bóveda.

La sabiduría teórica y práctica de Palomino, con la plena identificación y entusiasmo por la obra de Hurtado, le permitió realizar todo el conjunto de pinturas con la más completa acomodación a la luz del recinto y la más perfecta integración en la dinámica y entonación de las formas arquitectónicas y ornamentales y en general con el espíritu y sentido expresivo del Sagrado recinto.

Si las obras arquitectónicas parecen expresar más plenamente que otras artes el espíritu o sentir de una colectividad o de una época, en

**48.** *Sacristía. Detalle de cornisas, ventana y arranque de bóveda.* ▶

**49** y **50.** *Sacristía. Otros detalles de cornisas y cuerpo de luces.*

el caso de este Sagrario correspondiente al momento de exaltación del estilo barroco, la plena integración que en él se realiza de todas las demás artes visuales en sus más varias manifestaciones materiales y técnicas, se potencializa el poder expresivo por el mutuo refuerzo que supone ese ideal artístico que aspiró a conseguir el más completo halago sensorial y sensual, sirviendo o comunicando una finalidad espiritual que trasciende lo artístico, para por esa vía de los sentidos conmovernos con la más profunda emoción del misterio religioso. La vida de silencio cartujana parece impulsar más en esta obra —como compensación sensorial—, al más excitante recreo de toda clase de goces visuales en los más sutiles y refinados efectos. Así, la comunidad y los artistas contribuyeron con el arquitecto a realizar el ideal artístico que buscaba el sentido de apariencia y profundidad del estilo, logrando uno de los más extraordinarios ejemplos que en ese momento puede ofrecer el barroco europeo. Pudo muy bien Hurtado afirmar orgulloso, cuando en 1716 ultimaba esta obra, que «en la Uropa no ai cosa como ella».

## LA SACRISTIA. POSIBLE INTERVENCION DE HURTADO EN SU CONCEPCION INICIAL

Dado el éxito de la marcha de las obras del Sagrario que se estaban realizando bajo la dirección de Hurtado Izquierdo, era lógico que la Comunidad sintiera el deseo de proseguir con otras obras; de una parte para completar este Sagrario que exigía en la concepción del artista —y para su mayor solidez—, la construcción de dos pequeñas capillas u oratorios adosados —con aberturas a aquel recinto para adorar al Santísimo— y de otra era también obligado que pensaran en la necesidad de construir una sacristía, ya que se carecía, en realidad, de recinto capaz para ello, pues el pequeño espacio de la base de la torre que se utilizaría con dicho fin mal podía cumplir esas funciones. Pensemos que en la vida litúrgica cartujana, al acabar la solemne misa conventual, han de repartirse todos los monjes para celebrar cada uno aisladamente en un altar de la iglesia o en una de las muchas capillas —que por ello ofrecen tantas las cartujas— de otros recintos del monasterio. La necesidad de espacio para revestirse y para guardar los ornamentos es por eso aún mayor que en otras comunidades que no exigen esta simultaneidad del culto divino dentro del recinto monástico.

Las necesidades, pues, por un lado, y, de otro, la euforia por la general satisfacción de la rica Capilla del Sagrario en la que estaban superándose en mucho los planes iniciales debió hacer pensar en unas nuevas obras presididas por el mismo espíritu de superación y búsqueda de belleza y novedad. Es, pues, en ese momento en que la obra de la Capilla del Sagrario entraba en la fase decisiva para su terminación —entonces Palomino ultimaría la pintura— cuando al recibir la Comunidad a los Padres Visitadores —5 de enero de 1713— solicitó y obtuvo la licencia para construir las dos capillas previstas anejas al Sagrario y la Sacristía. Era lógico también que en esas fechas en que tan satisfecha estaba la Comunidad con Hurtado, se acudiera a él —como lo hicieron después para la construcción del Sagrario del Paular— para que les diera, no un proyecto, ni aun un anteproyecto, pero sí un esbozo o idea de lo que se podía hacer. No creo fuera necesario, ni aun oportuno entonces, pensar en muchas precisiones ni menos en presupuestos, toda vez que estaban viendo cómo la obra del Sagrario se estaba incrementando en sus trabajos y en su costo mucho más de lo que pensaron inicialmente. La creación arquitectónica de Hurtado no se apoyaba sólo en el proyectar y trazar, sino más aún en la realización; en una forma análoga a lo normal de la creación escultórica y pictórica. Así se concebiría la Sacristía.

Suponemos, pues, que para decidir sobre esta nueva obra Hurtado haría sólo un pequeño dibujo de esbozo, y lo decimos pensando no sólo en ese caso del Sagrario, sino también en otros que asimismo descubren esa dicha manera de trabajar del artista. Así para una obra de mucho mayor coste como la Capilla del Sagrario de la Cartuja del Paular sabemos por una carta del artista —de 20 de abril de 1718— dirigida al Padre Procurador fray Francisco de San José, que para que la comunidad decidiera sobre su construcción les envió una *trazita;* término éste que no podemos interpretar en manera alguna como un proyecto ni como un anteproyecto y, desde luego, no permite deducir pudiera existir junto a ella algo parecido a un presupuesto. Si en esta obra del Paular cuya realización era inmediata, y cuyo costo había de ser grande, ni el artista ni la comunidad necesitaron —para *reflexionar* y tomar *determinación*— más que un pequeño dibujo o *trazita,* no es lógico suponer que para una obra de realización todavía remota, como lo era la Sacristía en 1713 —ya que aún faltaba mucho en los trabajos del Sagrario y antes había que levantar las pequeñas capillas— se pidiese al artista un anteproyecto con su presupuesto para que los Visitadores concedieran la autorización para construirla. Creemos

**51.** *Sacristía. Detalle de la parte alta de las pilastras en el arranque de la cúpula del crucero.*

más lógico la existencia de un pequeño dibujo, para dar idea de la obra, acompañado de los datos de dimensiones generales y posibles materiales a emplear. Limitamos, pues, el alcance de la atribución a Hurtado hecha por Taylor —además de señalar la forma de trabajar, característica del artista— en el sentido de que suponemos hubo sólo un esbozo o idea inicial que partió de él, pero, necesariamente, muy incompleto.

Hay elementos de construcción y adorno en ésta Sacristía que en esas fechas no pudo imaginar Hurtado y que son esenciales en el efecto general que produce la visión de la misma; nos referimos al empleo sistemático del mármol de Lanjarón —tornasolado, veteado como ágata— que da base inestable y contrasta la vibrante y matizada blancura de la rica decoración de los muros. Taylor que quiere subrayar la importancia decisiva de la concepción y proyecto de Hurtado, es precisamente quien con acierto reconoce que ese mármol «constituye uno de los elementos que más deslumbra al que penetra en ella por primera vez». Y precisamente él ha recordado «que no se conocía este mármol en la época de Hurtado, puesto que la cantera sólo se descubrió hacia 1730». Sería, pues, la idea del gran arquitecto —nada nueva en sí, por otra parte— combinar un rico zócalo de mármol con yeserías blancas —como ya había hecho, y recuerda Taylor, en la capilla cordobesa del cardenal Salazar—; pero ese sólo principio constructivo predeterminaba muy poco del gran efecto que se logró al realizarlo con el mármol de Lanjarón. Además —insistimos— no debemos olvidar la forma de realizar sus obras. Lo ocurrido con los púlpitos de la catedral de Granada es el ejemplo más elocuente. El artista había ofrecido dibujos, de acuerdo con los deseos del cabildo, para realizarlos con diferentes mármoles y comprometiéndose a hacerlos *según* un *diseño que se trajo de Florencia.* Apesar de esos compromisos el artista los realizó alterando dibujos y modelos, atento al gusto y criterio personal, según los momentos en que la obra iba cobrando realidad. Así provocó la indignación de los canónigos; se sacó un modelo de lo hecho para mejor comparar con el diseño inicial «y vióse que no estaba igual a la planta florentina y que en nada se había cumplido con las condiciones de la escritura». El asunto terminó mal; acordaron los capitulares *poner demanda judicial,* pero el artista, que no acudió a las llamadas del Cabildo, se resistió; ofreció rebajar el precio contratado y por último dejó los púlpitos como estaban. Está claro que en el ansia de superación y perfección que movía a Hurtado no cabía el atenerse a un modelo. Esto ocurrió a fines de 1716, con lo que el artista, que alternaba sus estancias entre Priego y Granada, se apartó casi totalmente de ésta. Así abandonó la obra del Sagrario de la catedral, que prosiguió Bada, nombrado maestro mayor. Y en esa obra, la intervención de ese último en el cierre de las bóvedas —que no resultan plenamente acertadas— no podemos interpretarlo simplemente, como una rectificación hecha por Bada al proyecto de Hurtado, sino como una solución dada a la obra de éste, precisamente, porque no estaba precisado por aquél cómo había de resolverse. Lo más fácil es que Hurtado tuviera pensado otra cosa, pero a realizar en el curso de la obra. Así cuando se iba a cerrar la bóveda central, Bada alegó que no podía hacerse de piedra —sino de madera y ladrillo— por no tener espesor los muros, y se disculpa razonando que «este defecto consistió en el principio de la obra y cuando él se hizo cargo no pudo mas que seguir». Si tenemos en cuenta que Bada venía actuando con anterioridad en la obra como aparejador, comprenderemos que el maestro Hurtado consideraba la construcción arquitectónica en forma análoga a la del escultor y pintor; no como el traslado a la realidad, o materialización, del proyecto hecho sobre el papel, sino como un proceso de creación que se iba configurando a través de su realización.

Concretando nuestros razonamientos, creemos hay que admitir —aunque sea como hipótesis— en el problema de autoría de la Sacristía —rectificando en lo esencial la opinión de Gallego y Burín que piensa en Bada como principal autor y limitando en parte también algo las afirmaciones de Taylor—, que Hurtado dió la idea inicial de la traza, sobre todo en lo básico de la planta —principio ordenador del espacio y de la iluminación— de una nave con tramos desiguales, crucero con cúpula elíptica, con ventanas semicirculares en las pechinas y muy probablemente también la idea de cabecera con retablo ligado a una ventana central —que no llegó a persistir— y asimismo la naturaleza y combinación de materiales, zócalo de mármol y decoración tallada en estuco blanco. Posiblemente también se daría en su idea el colocar pequeñas imágenes doradas sobre el zócalo, cosa que no llegó a realizarse. Está claro —según hace observar Taylor analizando huellas del exterior de los muros— que se pensó inicialmente en una ventana central de medio punto y unos óculos laterales bajo las ventanas de las pechinas; pero por ello puede deducirse también que Hurtado no había llegado a realizar una completa y verdadera traza, sino sólo un esbozo en que se precisaría sólo sobre la planta, proporciones y vanos y macizos de los muros. Por eso los que se encargaron de desarrollar y realizar la obra después, ante los aspectos más atrevidos que exigían materializar la idea inicial, prefirieron atenerse a las soluciones más simples y fáciles; no por actualizar o modernizar una traza anterior, sino por no atreverse o no acertar a realizar las ideas apuntadas que exigían un tipo de arquitectura como ésta; algo aún más importante que lo que podía indicar el esbozo inicial hecho por Hurtado, quien, por otra parte, si lo previó, confusamente, cuando hizo su dibujo, era muy difícil saber cómo lo hubiera resuelto en el momento de realizarlo. Así, la extrañeza que nos produce el descubrir que la cúpula en su eje transversal no coincide con el centro de los brazos del crucero, no creo pueda darse, según piensa Taylor, como «una modificación en el alzado introducida cuando la obra se hallaba en vías de ejecución, cambio —añade— que muy bien podría deberse a la iniciativa de Bada»; estimamos más lógico verlo como la solución dada a una idea no precisada en la traza inicial; pero que conserva un rasgo de lógica intencionalidad en cuanto a sentido de espacio e iluminación, cual es que las ventanas de los brazos del crucero queden más próximas a la nave, para no ser vistas desde ésta a la entrada y que, en cambio, iluminen más intensa y directamente el frente de la cabecera con el retablo.

El problema de la autoría de esta obra resulta, pues, confuso y complicado —sin solución segura por hoy— no sólo por la falta de datos documentales, sino también porque su realización fue compleja; y no, como en el caso del Sagrario, sólo por el hecho de que su arte suponga la intervención de distinta clase de artistas, sino porque faltó la continua presencia de quien inicialmente esbozó la idea, para ir haciendo los distintos modelos y dibujos de cada una de las partes y elementos y desarrollando y dando soluciones a los rasgos anotados en una traza inicial incompleta. Porque dada la importancia sustancial de lo ornamental en la estructura, con tantos aspectos y elementos variados y cambiantes, la labor del tracista de la ornamentación exigía acierto y esfuerzo enorme; superior al que planteó el Sagrario, dada la mayor variedad de los espacios arquitectónicos y la continuidad de los elementos que sirven de enlace entre ellos, como lo es el cuerpo del entablamento de múltiples molduras que corre a todo alrededor del recinto, como esencial elemento estructurador de la decoración, junto con las pilastras que verticalmente establecen los tramos o partes del recinto. La delimitación y atribución segura de las distintas labores y modelos es lo que nos falta; pero la unidad de concepción de la obra resplandece y se nos impone al contemplarla.

### SOBRE LOS REALIZADORES Y MOMENTOS DE LA CONSTRUCCION DE LA SACRISTIA

Suponiendo que existiera una *trazita* que pensamos nosotros —coincidiendo en lo esencial con Taylor— haría Hurtado en 1713 para que los Padres visitadores dieran la autorización para construir la Sacristía, nada sabemos de esta obra hasta el priorato del Padre Juan Bautista de la Hoz —1 de septiembre de 1728 a 22 de marzo de 1730— en que nos dicen los documentos se había reunido una partida de madera de las Indias para hacer las cajoneras, otra buena partida de madera de pino para utilizarla en la obra, y también todas las herramientas necesarias para la misma. Pero puntualicemos que entonces se habla todavía de la Sacristía como de obra que *se desea hacer*. En el priorato siguiente —1730-1736— debió realizarse una parte impor-

**52.** *Sacristía. Detalle de la cabecera del recinto.*

**53.** *Sacristía. Detalle de la parte alta en los pies del recinto.* ▶

tante de la obra en su aspecto constructivo, concretamente, como precisó Taylor, se iniciaría en 1732; pero nada sabemos del maestro que la dirigía. Hurtado, que se ausentó de Granada en 1716 y había muerto en Priego en 1725, no pudo intervenir ni decidir sobre su construcción. ¿Se encargó Bada, como maestro de fama de la ciudad —al que Gallego atribuye lo esencial de la obra— y que había sustituido a Hurtado en los trabajos de la Iglesia del Sagrario? Es lógico y posible por esa razón, pero no hay datos para asegurarlo. ¿Actuó sólo al frente de todo, el religioso que según un documento —encontrado por Gómez Moreno— se nos declara que «corría con la fábrica de la Sacristía»? Es no sólo posible, sino aún más lógico; aunque resulta extraño que no se mencione su nombre como a fray Manuel Vázquez, que aparece como autor de las cajoneras y alacenas. Pudo ser sólo la persona que materialmente se encargó de llevar el control de la obra, e incluso la dirección, y no la labor de artista de hacer trazas y modelos. La intervención de Bada y de ese religioso son, pues, posibles; pero queremos subrayar el hecho comprobado en distintos géneros de trabajos y en distintas fechas, que los cartujos siempre que dispusieron de artistas entre sus legos, los utilizaron; lo mismo en arquitectura, que en pintura, que en ebanistería y en toda clase de trabajos, según hemos citado en este ensayo una y otra vez, y ahora tenemos que citar con respecto a los lienzos y a las obras de taracea de las alacenas y cajones. Nada tiene de extraño que un religioso formado junto a Hurtado Izquierdo se encargara de esta obra.

Los únicos nombres que aparecen interviniendo en la realización de trabajos de la Sacristía corresponden a un momento ya avanzado de la misma. Se trata de una tasación de los trabajos que faltaban por realizar —aparte el retablo— que dio a conocer Gallego y Burín, suponiéndola de 1730. Creemos —por razón de la cantidad que se calcula de coste— que debió ser hecha hacia 1742, al comienzo del priorato del P. Pinto —1741-1747— durante el cual se ultimó la talla de la yesería, el enchapado y solería, y la colocación de puertas y alacenas. Los que tasan son el cantero Luis de Arévalo y el tallista Luis Cabello. No creo que haya duda, a nuestro juicio, que eran los artistas que respectivamente estaban realizando como maestros la decoración en estuco y la de cantería de la enchapadura del zócalo y demás partes de mármoles. No parece, sin embargo, fuese ninguno de ellos el que llevase la dirección del conjunto, pero por otra parte, también parece indicar la dicha tasación que no existía ese artista maestro director de todo, puesto que lógicamente a él se le debió pedir ésta. Ahora bien, el hecho de no aparecer ninguno de ellos en la nómina de jornales puede estar indicando una superior categoría a la de meros ejecutantes; lo que está de acuerdo con el tratamiento de *don* con que aparecen en dicho documento. Pudieron, pues, ser los artistas que formados en el arte de Hurtado y partiendo de la *trazita* inicial de éste —y quizás algunos modelos aislados— realizaran con cierta libertad esa extraordinaria labor de tan esencial importancia en la visión del conjunto arquitectónico. En conclusión, pues el colectivismo estético que entraña esta obra —como es típico en el barroco— supone un colectivismo de realizadores; pero, por hoy, se hace defícil establecer claras y rotundas delimitaciones. Sólo ese desconocido religioso se adivina como figura que pudo, con una idea ajena —quizás dada por Hurtado, según pensamos— actuar como coordinador de todos esos maestros en calidad de auténtico arquitecto, ya que los autores de dichos trabajos son técnicos de una determinada labor, aunque de positiva categoría y de actuación en cierto modo independiente.

## CONCEPCION DEL RECINTO: ELEMENTOS ESTRUCTURALES Y SENTIDO ESPACIAL

La visión que nos ofrece la Sacristía, dada su planta, traza y proporciones, responde, en general a la de un verdadero templo, pues incluso la estructura de su cabecera, con cúpula, salientes de crucero y retablo en el frente, responde a esa concepción. Así, aunque puede relacionarse en su planta —según recuerda Kubler— con una tradición española, cuyos modelos principales anteriores, serían —en el siglo XVI— las debidas a Vandelvira, en la Iglesia del Salvador

**54.** *Sacristía. Detalle de entablamento y capitel de una pilastra.*

**55.** *Sacristía. Detalle de las pilastras laterales.*

de Úbeda, y en la catedral de Jaén, y —en el siglo XVII— la proyectada por Juan Moreno para San Esteban de Salamanca, sin embargo, ninguna ofrece la tan completa organización de pequeña iglesia que encontramos aquí.

Considerando sus formas y elementos, en el sentido arquitectónico más abstracto de lo lineal —sin contar con los materiales y ornamentación, ni aún con la modelación y dinámica del espacio y de los efectos de iluminación —hay una innegable relación entre el Sagrario y la Sacristía— pero hay que señalar que, en general, en cuanto a la intención, planteamiento y efecto estético visual, de forma, color, luz y movimiento, se trata de dos expresiones completamente distintas; si bien las dos profundamente barrocas y, en consecuencia, de sentido radicalmente anticlásico; tanto una por la preferencia dada a la ornamentación de sentido naturalista, vital, palpitante, como otra por la tendencia a la decoración abstracta, geométrica y lineal.

Por eso, el efecto sorprendente de la visión de la Sacristía se refuerza —según se hace al visitar la Cartuja— cuando pasamos a ella, después de visitar el Sagrario. En éste las vibraciones de formas, adornos, imágenes y pinturas se agitan entre brillos y cálidos reflejos de oros y mármoles de colores, en contraste con las sombras profundas, en una dinámica espacial que viene a concentrarse en el centro, o sea en el tabernáculo donde se encuentra el Santísimo, y hacia éste nos impulsa suscitando la emoción religiosa de recogimiento. Sólo en momento posterior, nos sentimos lanzados a través de las movidas formas ascendentes hacia la visión celestial de la cúpula. Pero, además, la entrada al recinto, sabiamente calculada, la hacemos a través de un gran arco cuyo grosor y el estar cerrado por una gran cristalera, en la que está la puerta, no representa un brusco cambio, sino el paso, y transición a través de una zona de suave luz, a la penumbra de la capilla en que contrastan luces y sombras. A la Sacristía, por el contrario, pasamos en un radical cambio brusco, que refuerza el violento cambio de ámbitos espaciales y de la visión de formas, proporciones del recinto, dinamismo, luces y coloraciones. Su ingreso desde la Iglesia, lo hacemos a través de una puerta maciza, no muy ancha, de dos hojas,

**56.** *Sacristía. Detalle de la bóveda.*

—que obliga al abrirlas a que la visión que nos ofrezca sea frontal—, las cuales, normalmente, han de estar cerradas, pues abiertas perturbarían la celebración del oficio divino y que como para incitarnos a la visión del interior presentan dos pequeñas mirillas.

Se explica, así, que tradicionalmente se ofrezca al visitante la contemplación de este recinto, colocándole ante la puerta cerrada y abriéndole a la vez las dos hojas de la puerta. Es claro que ello obedece a que desde antiguo se tuvo conciencia de que el mayor efecto de la visión de la Sacristía se lograba, precisamente, en un violento cambio brusco, sin momento de transición ni visión parcial. Es, si queremos, un efectismo espectacular, un efecto de pura teatralidad, cual nos impresiona en visión total y frontal la escena al levantar el telón. No esperamos que, al dar entrada a una dependencia secundaria, nos encontremos con un recinto de tan gran amplitud, riqueza y luminosidad. Llegamos ante su puerta teniendo adaptada nuestra visión, incluso físicamente, a un grado medio de luz y a una entonación cromática que, dentro de su variedad, es de gama cálida, por el predominio de los mármoles rojos, los oros de retablos y adornos, y las suntuosas policromías de estofados de ricos colores y brillos dorados; así preparados, se nos para ante la opaca puerta cerrada que, con sus mirillas despiertan aún más nuestra curiosidad de ver lo que se esconde tras ella. Cuando se abren las puertas, la emoción que experimentamos es la de un intenso sentimiento de anchura de espacio y luz, de un mundo de lujuriantes formas abstractas inconsistentes todo en fluyente vibración.

El recinto es de una amplitud superior a lo que le corresponde a una sacristía; pero nos da la sensación de ser aún mucho mayor, mientras que en el Sagrario, nos parece menor porque nos sentimos como agobiados por la desbordante ornamentación y los impulsos dinámicos que concentran nuestra atención hacia el central punto en que está el tabernáculo. Por el contrario, aquí, en la Sacristía, el gran vacío central y los blancos muros de abstractas formas fragmentadas, cambiantes y vibrantes, sin intensos oscuros de sombras, con los extraños moldurajes de sus entablamentos que se prolongan, curvándose y quebrándose en continuo subir y bajar alrededor de todo el recinto, nos producen la compleja sensación de transparencia, inconsistencia e incesante movimiento fluido. Por reacción con lo visto anteriormente, nuestra mirada se despliega y ensancha hacia el fondo y hacia los lados, con un sentido dinámico de expansión como si todo se extendiera en un general ensanchamiento de su espacio y de las formas que vibran y fluyen inconsistentes como la clara luz matizada y cambiante que todo lo inunda.

Contribuyen también a dar esa sensación otros recursos que se manejan igualmente con plena conciencia de su efecto, aunque el espectador, en general, tampoco perciba en el primer momento, en este caso, el por qué el recinto le impresiona con esa sensación de transparencia, inconsistencia y fluidez de las formas y del espacio que parece extenderse. La visión de sorpresa que nos produce su contemplación, al abrirse la puerta, no deja tiempo a la actitud crítica reflexiva. El mecanismo psicofísico es excitado por unos impulsos sensoriales e irracionales que, precisamente, actúan sobre el espíritu desviándole de lo intelectivo. La estructura de la planta y alzado, aunque aparentemente simple, ofrece en la nave un movimiento, con tramos desiguales marcados por las pilastras salientes que, como dice Taylor «no sólo sirve para introducir variedad, sino que acelera el ritmo del conjunto». Completemos, por nuestra parte, que la alternancia de abertura y macicez, con la consiguiente oscilación de luz, igualmente refuerza el sentido dinámico de profundidad espacial. Hay, además, una particularidad en el dibujo del pavimento que parece simple y ajeno a dicho efecto, pero que también lo refuerza y da a todo el conjunto la sensación de superficie que se aleja, cambiante e inestable. Nos referimos a su trazado en rombos blancos y negros. Al entrar, instintivamente, no pensamos en el dibujo de rombos, sino en el normal del cuadrado en distribución diagonal que hemos visto en el pavimento de la iglesia. Así, en esa espontánea creencia, nos parece, en su visión en perspectiva, como si el pavimento se levantase o mejor dicho, se prolongase hacia el fondo más de lo que es la realidad; y, además, al movernos por el recinto sus efectos resultan más cambiantes e inestables.

**57.** *Sacristía. Retablo de mármoles en la cabecera.*

El efecto de movilidad e inconsistencia fluyente de los blancos muros, pilastras y bóvedas, se refuerza por el material y apariencia del basamento de mármoles en que todo el conjunto se asienta. Se trata de un mármol —de Lanjarón cuyas canteras comenzaron entonces a explotarse— de un rico veteado con efectos tornasolados, como de ágata, tan intensamente acusados que anula y deshace totalmente la visión de las formas y moldurajes de su talla. Da la sensación, pues, de que todo se asienta en una materia de naturaleza irregular y cambiante y en consecuencia de poca estabilidad y consistencia. Sobre este zócalo se levantan las pilastras que estructuran el espacio en tramos, que como toda la decoración de las paredes y bóvedas, están talladas en blanco estuco. A la primera impresión, tanto esos soportes, como los entablamentos que sostienen, se nos ofrecen no sólo extraños por la profusión de su decoración y moldurajes, sino actuando en una función arquitectónica contraria a la constructiva que les corresponde. Sólo tras la observación detenida de detalle, de los elementos de tanta forma geométrica estilizada, descubrimos que corresponden en su origen a uno de los órdenes clásicos: el orden compuesto, pero interpretado con el sentido más radicalmente anticlásico. Así, llegamos a distinguir las volutas de los capiteles e igualmente las distintas partes del entablamento —arquitrabe, friso y cornisa—; pero todo ello resulta interpretado y movido en forma que contradice el sentido artístico clásico de lógica arquitectónica que exigen las formas o elementos constructivos que estructuran y sostienen. Las pilastras, de extraña estructura, no ofrecen en su perfil, ni aun parcialmente, la clara verticalidad, ni tampoco la robustez de una masa fuerte y homogénea; por el contrario obedecen a un sentido constructivo de fragmentación; como una serie de piezas frágiles de caprichoso y cuidado tallado con molduraje anticlásico, que estuviesen colocadas unas sobre otras, a la manera como en la orfebrería se construye y estructura un pie de candelabro o de custodia, que ensarta en un vástago distintos elementos que han sido cincelados o fundidos aisladamente. En cuanto al entablamento —elemento estructural esencial en la concepción arquitectónica y ornamental de esta Sacristía— aparece fragmentado en múltiples bandas de anticlásicos moldurajes —salpicados de innumerables adornos— que discurren en las más cambiantes formas y movimientos; quebrándose en ángulos, bajando, subiendo, curvándose e incluso retorciéndose, como materia blanda, que en incesante y antiestático desarrollo corre serpenteante —con continuidad de arabesco— en sentido horizontal, con dichos ininterrumpidos cambios —a través de todo el recinto— trabando los elementos y dando el rasgo y sentido dinámico de extenderse y fluir.

## EMOCION DE LOS EFECTOS DE LA LUZ EN LA SACRISTIA

Es indiscutible que la fuerte impresión que nos produce la visión de la Sacristía no sólo se debe a esa riqueza y fluyente dinámica de las formas, sino que está ligado íntimamente a los efectos de la luz y la blancura matizada que de ello resulta como dominante en el conjunto. Frente al intenso colorismo cálido de violentos contrastes y las formas naturalistas de motivos florales y vegetales en oro que constituye la esencia de la concepción ornamental de la capilla del Sagrario, y, en general, podríamos decir de todo el barroco anterior —basta contemplar aquí mismo las frutas y hojas de la decoración del presbiterio—, se ofrece esta concepción de la Sacristía con el predominio de las formas abstractas y geométricas —con vagas resonancias de los arabescos, atauriques y mocárabes nazaríes— cuya blancura se envuelve en una cambiante y matizada luminosidad, sin dureza alguna de claroscuro, y cuyo recargamiento, por esas razones, no produce, como en el Sagrario, la sensación de que se nos aproximan, sino por el contrario, de que las formas fluyen y se expanden. Y no sólo en la primera impresión, sino también en la observación parcial y detenida vamos descubriendo esas sutiles matizaciones de la luz y las cambiantes tonalidades del blanco, según la forma como aquélla se proyecta en las distintas y movidas superficies. En general las paredes se iluminan con proyección directa de la luz de las ventanas, con una tonalidad levemente azulada y fría; pero el cuer-

**58.** *Sacristía. Pintura de Bocanegra, con marco del tallista Luis Cabello.*

po de luces, sobre las cornisas, con el intencionado espesor de los muros, que crea una movida bóveda sobre cada ventana —de donde se derrama caudalosa la luz— recibe la iluminación indirectamente por reflejo exterior del suelo con una tonalidad caliente. Resulta, así, que en nuestra impresión primera —en la que, por esa estructura de tramos entrantes en el muro entre las pilastras destacadas, quedan las ventanas casi totalmente ocultas— se nos unen en visión sabia y finamente contrastada los planos verticales, iluminados con el tono frío del cielo, y los curvos de las bóvedas, matizados en entonación caliente, haciendo que no nos produzca nunca la sensación de monotonía, dureza y quietud, sino de rica y fluida matización cambiante. La profusión de motivos y la variedad de molduras, con las diferencias de la talla del estuco en perfiles y profundidad, contribuyen a que la general movilidad y fluidez de las formas quede envuelta en una tan rica como fina gradación de luces, sombras y tonalidades.

En dicho aspecto lumínico cromático, los autores —y quizás se previó en la idea inicial— redujeron al máximo la intervención del color; lo imprescindible para producir el efecto buscado. En el pavimento, sabiamente, se combinó sólo el blanco y el negro en un trazado de rombos de pequeño tamaño y de orientación con el eje del recinto. La presencia del negro puro —pero no en plano grande— impide por contraste, el que nos produzca un efecto de oscuro intenso el juego de sombras y luces de la decoración de muros y bóvedas. La intermedia zona del zócalo y cajoneras establece, como enlace, un elemento cromático corrido, brillante y de intensa tonalidad cálida, pero no monocromo ni plano —que asciende, como en juego contrapuesto de continua movilidad del entablamento, en la cabecera, en el retablo y lavabos, y en los pies en la puerta y alacenas— que contrasta la luminosa visión del blanco estuco de los muros. El color reaparece en las bóvedas; pero ya, no como masa, sino como línea movida o golpe aislado; en una alternancia de dos colores, sin pesadez cálida y complementarios entre sí; oro y azul de tonalidad cobalto. El blanco los envuelve, y las líneas de color corren frágiles y movidas, y el oro se destaca

**59.** *Sacristía. Angulo del recinto, con alacena y cajonera debidas al lego Fray José Manuel Vázquez.*

**60.** *Sacristía. Cajonera, obra del lego Fray José Manuel Vázquez.*

especialmente en el centro de cada paño de bóveda en racimos o florones colgantes de regusto mudéjar. Si la traza geométrica de la decoración de continuo fluir de arabesco nos hace pensar en la ornamentación musulmana nazarí, también en este empleo del color nos recuerda el efecto de azul y oro sobre blanco de los mocárabes de arcos y cúpulas de la Alhambra. Como zona de plena e intensa vibración colorista se ofrece la cúpula; pero, desgraciadamente, no por su calidad mediana, sino por su fuerte ennegrecimiento que a causa del asfalto —empleado para buscar transparencia— ha sufrido el color, la impresión que nos da es casi la contraria que se propusieron los autores —del proyecto y de la pintura—, pues lo buscado era concentrar luz y colores brillantes y transparentes en el crucero y concretamente en la coronación.

Interesante efecto arquitectónico barroco es el que produce la cúpula, pues queda como aislada de la cornisa que la perfila con su base, recibiendo una iluminación indirecta que reforzaría, no sólo su coloración y luminosidad, sino que además acentuaría el efecto de quedar como suspendida y flotante en el aire; pues las pechinas, más que dar la sensación de sostener parecen como paños que cuelgan de ella, y con la nota de color azul intenso, que asoma bajo aquéllas, aún se refuerza más el efecto de suspensión, pues ese color nos impresiona como algo lejano e inconsistente. En el conjunto de la bóveda de la nave se ofrecen los tramos con luz más suave, y sobre el blanco predominante aparecen ligeras bandas movidas y golpes de oro y azul destacando lo esencial de la ornamentación; pero al llegar al crucero, color y luz se intensifican con efecto que sería deslumbrante. Como elementos cromáticos de adorno sobrepuestos se pensó en una serie de pequeñas figuras doradas que quizás rematarían los basamentos de las pilastras y en una serie de lienzos de amplio marco dorado de proporción alargada y contorno movido, que se distribuyen con acierto en los escasos planos que quedan entre las pilastras.

Se puede afirmar que pocas obras de arquitectura barroca resisten como ésta el crítico análisis pormenorizado de sus elementos. Todo está sabiamente pensado y dibujado con plena conciencia de su efecto para quedar totalmente integrado en una visión de conjunto, sin que el primoroso detalle o moldura adquiera valor por sí o independencia al contemplarlo; y, lo que es más sorprendente, sin que tan abigarrada ornamentación —que apenas deja espacio a la superficie lisa— nos dé —lo que sería lógica consecuencia— la sensación de agobio y pesadez. Por el contrario, nos da la sensación de libre e incesante fluir, de formas ingrávidas, que se mueven con efecto de transparencia, envueltas y matizadas bajo una luz que todo lo invade y que nos comunica una emoción trascendente de anchura y libertad. Si con el contraste violento de sombras se nos comunica el sentido de misterio de lo numinoso, también por esta vía contraria se nos hace sentir la emoción espiritual elevadora del misterio de luz.

## INTEGRACION ESTETICA Y FUNCIONAL DEL MOBILIARIO EN LA SACRISTIA

Si el conjunto de los cuadros hechos con anticipación para la Sacristía por el lego Morales, responden al plan de conjunto de decoración del recinto, es aún más natural que toda la obra de carpintería y ebanistería, correspondiente a cajoneras y alacenas, esté plenamente integrada en la traza y concepción del recinto. Era el principal aspecto funcional de esta dependencia de la Iglesia; así se tuvo en cuenta desde que se ideó la obra, y se valoró artísticamente como algo esencial de la misma en su arquitectura. Así en el momento inicial —1728-1730— se previno el material —madera de las Indias—, cuando faltaba mucho para comenzar la obra. No es extraño, pues, que, cuando se hizo la traza inicial, se concibiera la estructura del recinto contando, como elementos activos funcionales, con esas cajoneras y alacenas. Pensemos que el esencial valor del trazado de la planta —y en consecuencia de la dinámica espacial y lumínica— se debe a la previsión de los varios y distintos espacios destinados a la colocación de las cajoneras. Porque observemos que, aun valorándolas al máximo, en materiales y finura de técnica de taracea, como muebles ricos, sin embargo no están concebidas como elementos exentos independientes, ni aún simplemente adosados, sino incorporados a unos espacios que son, precisamente, los que marcan los distintos tramos en que se estructura el recinto. Esto es; la planta se trazó con esos entrantes y salientes pensando en la concreta y obligada colocación de las cajoneras. El sentido, o lógica arquitectónica de aquélla, se la da esa función. Sin las cajoneras esos espacios vacíos serían bellos, pero extraños, y aunque pudieran ofrecer nuevos puntos de vista pintorescos —pues nos permitirían ver más de frente las ventanas— ello estaría en contra del sentido buscado de visión central, para que queden éstas casi ocultas como fuentes de las que se derraman cataratas de luz.

Así, las cajoneras quedan distribuidas en los distintos y variados tramos y encajadas en el zócalo que las envuelve, no sólo lateralmente, sino también en su parte superior, evitando con ello que la línea horizontal de los tableros se imponga rígida y secamente a la vista, en duro contraste con la blancura de los muros, en la contemplación del conjunto. Es verdad que el dibujo de las cajoneras y alacenas, con acentuado regusto mudéjar, no responde al desbordante barroquismo de toda la decoración del conjunto; pero con su dibujo geométrico no deja de rimar con lo abstracto de la decoración y con su variedad de ricas materias —ébano, palosanto, concha, marfil y plata—; evita también la impresión de lo quieto y plano, y se enlaza, por analogía de entonación cálida y cambiante, con el conjunto del zócalo de mármol que la encuadra.

Es seguro que cuando se pensó en construir la Sacristía se pensó simultáneamente por quien iba a realizarlas —el lego granadino fray José Manuel Vázquez—, y se proyectaría ya la colocación, espacios, materiales y dibujos de las mismas. Lógicamente podemos deducir que este lego actuó en todo de acuerdo con la idea inicial del arquitecto y después con los que la desarrollaron. El hecho de que se reservara, como dijimos, desde muy pronto la madera para ellas —que costó 5.500 reales— se debió a informe del citado lego. Y él se encargó de ir haciéndolas —entre 1730 y 1736—, al mismo tiempo que se construía la sacristía. La colocación de cajoneras y alacenas se hizo entre 1742 y 1747.

Más que por lo hecho en la Iglesia, es por este importante conjunto y por su influencia —con este gran alarde del arte de la taracea— por lo que merece ser destacado este lego artista. Así, ya el erudito granadino del pasado siglo Lafuente Alcántara, recogió datos documentales que merecen ser recordados. Nació en Granada el 28 de marzo de 1697; profesó de lego en esta Cartuja en 24 de junio de 1727 y murió en ella el 2 de abril de 1765. La información de limpieza hecha en 1720 para ingresar como lego —publicada por Gallego Burín— confirma el primer dato. Fue, pues, testigo, e importante colaborador, en todos los momentos de la construcción de esta Sacristía.

La talla de los marcos para los cuadros y espejos que adornan el conjunto, según se deduce por la tasación publicada por el ilustre crítico granadino, fueron obra del maestro tallista Luis Cabello; esto es, el mismo que debió realizar —si no todo, en buena parte— la talla de estuco de la decoración del conjunto. Finos y originales de traza son los marcos que encuadran los seis lienzos del lego Morales; pero destacan, sobre todo, los de rica y finísima labor de cornucopia que enmarcan los bellos cobres granadinos de la *Inmaculada* y del *Cristo Crucificado*, que son, sin duda, en este género de labor, de lo más extraordinario que se hizo en Granada en ese siglo. Se ve, pues, que toda la labor de adornar y amueblar el recinto fue concebida no como algo añadido y sobrepuesto, sino como elementos a integrar en la visión de conjunto, y así su realización —o por lo menos su concepción— estuvo confiada a quienes realizaron la obra de decoración del recinto.

## PAPEL DE LA PINTURA Y LA ESCULTURA EN EL CONJUNTO DE LA SACRISTIA

Como ya hemos comentado, en esta extraordinaria obra del Barroco, lo arquitectónico fundido con lo ornamental puro, alcanza un valor esencial y predominante —y en la expresión desnuda de sus materiales—. Así, los elementos pictóricos y escultóricos quedan dentro de una mayor subordinación, que en el Sagrario, aunque cumplen la función que les corresponde y cooperan al efecto del conjunto contrastando o valorando la visión de blancura de sus muros y bóvedas. La principal parte corresponde al mobiliario —cajoneras y alacenas— y con lógica estética y funcional. La escultura, en cambio, es lo más secundario, aunque al parecer —según documento publicado por Gallego y Burín— estaba prevista —y con sentido de integración y de efecto— la colocación de catorce esculturas doradas, posiblemente sobre los zócalos o basamentos de las pilastras. Aparte de esto hay cuatro lugares destinados a imágenes en los brazos del crucero, con repisas y doceletes ligados a la decoración en estuco del conjunto. Desgraciadamente las imágenes allí colocadas, aunque granadinas de ese siglo, son de mediano valor y alguna, más pequeña —el San Miguel—, no pudo ser hecha para este lugar. Las del lado de la izquierda —San Pantaleón y otro santo mártir— responden al arte de Diego de Mora. Una imagen de Santa cartujana, también del siglo XVIII granadino, completa el conjunto. El retablo de mármoles, aunque bastante pobre de traza —con columnas de sencillo perfil clásico— da con su natural coloración cambiante del mármol de Lanjarón, la nota necesaria en el efecto del conjunto, pues además, lo centran dos esculturas medianas en mármol blanco de la Inmaculada y San Bruno —copia de el de Pereira hoy en la Real Academia de Madrid— que contribuyen igualmente al efecto de unidad contrastada de ambos tonos. Diríamos que el mármol, con sus agitadas vetas, lo hace movido y barroco y su identidad con el zócalo lo liga a éste, así como el blanco de las imágenes lo liga con el conjunto del recinto. El gran frontal de mármol de ágata con fantástica visión, cual de paisaje submarino, da una nota más de exótico barroquismo.

En cuanto a la pintura ya hemos anotado la sabia utilización del color en la decoración y la sabia e intencionada localización de las pinturas murales en el crucero —cúpula, pechinas, arcos y planos que albergan las ventanas— y otras más ligeras de adornos florales sobre el blanco del estuco en la parte alta del muro de la entrada. Las realizó en la técnica del fresco el pintor zaragozano Tomás Ferrer en 1753, según nos dice Gómez Moreno. En esos años era el pintor muralista de más dotes y fama que había en la ciudad y así lo había demostrado en las pinturas hechas en la Iglesia y Hospital de San Juan de Dios. La comunidad pues, había procedido como siempre, al elegir. Era buen decorador, hábil para la pintura de adornos, flores y pájaros, pero con menos dominio para la composición de figuras. Su afán colorista se avivó en Granada y quizás ello le llevó a prodigar el asfalto en la pintura de esta cúpula, lo que ha ocasionado su ennegrecimiento y con ello la negación del rico efecto buscado.

Se completa la decoración con una serie de lienzos del lego fray Francisco Morales, artista —no inferior a los mejores de Granada posteriores a Risueño—, según Gómez Moreno nacido en las Islas Terceras, y que se formó como discípulo de Palomino, trabajando después aquí en esta Cartuja y muriendo en la del Paular. Al parecer —según esa fecha— debió realizar estos lienzos antes de que se ultimase la Sacristía. Constituye dicha serie seis escenas de la Vida de Cristo —con ricos marcos, ya aludidos, dibujados para este lugar— y tres mayores colocados en el muro de entrada, de los cuales dos, compañeros, representan a las Santas cartujanas *Roseline* y *Margarita de Dios,* y el mayor, en la parte alta con gran composición de visión de gloria con escena central de *San Bruno entregando el Niño Jesús a Santa Roselina*. Pero de todos los cuadros que decoran la Sacristía, los que destacan por su calidad —finura de técnica y color— son dos cobres granadinos, muy dentro del arte de Bocanegra representando el *Cristo de la Expiración* —según grabado flamenco— cómo repetición libre del gran lienzo de la catedral granadina del citado artista y la *Inmaculada recibida por el Padre Eterno*, también inspirado por grabado flamenco, y recordando la composición del mismo en un lienzo de la Iglesia del pueblo de La Zubia así como otras de su rival Juan de Sevilla.

## EL SAN BRUNO DE MORA, AGUDA EXPRESION DEL ALMA MISTICA CARTUJANA

Consideramos en este párrafo final esta pequeña imagen de San Bruno, obra del escultor gra-

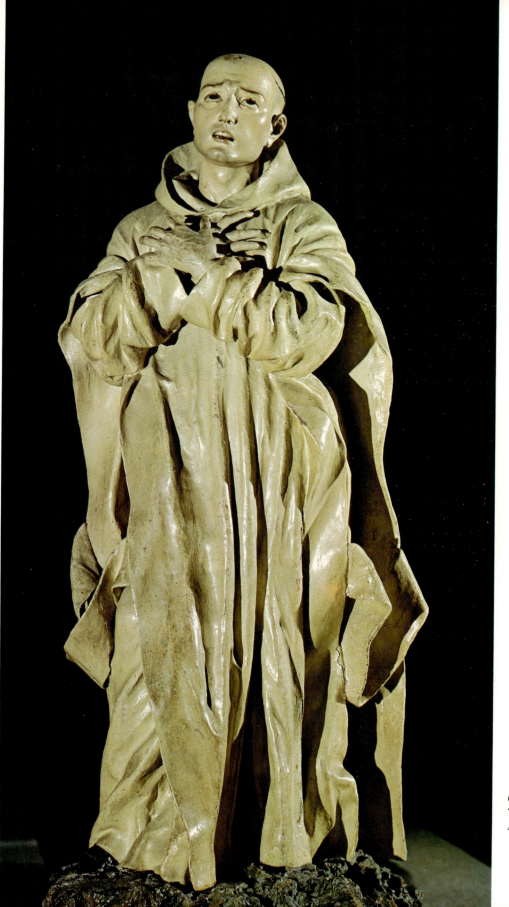

**61.** San Bruno. Talla de José de Mora.

nadino José de Mora —1642-1724— no porque hoy se encuentre —desacertadamente colocada— en la sacristía, sino porque estimamos que, en este recorrido que hemos seguido en nuestra exposición, es un buen término, tanto artística como espiritualmente, como expresión de la sensibilidad barroca y más aún de la espiritualidad cartujana en su vertiente esencial de misticismo. Salvando algunas creaciones de Zurbarán en la pintura y de Pedro de Mena, en la escultura, muy pocas obras de nuestro arte religioso pueden igualar a ésta en cuanto a la expresión del sentimiento místico, en el extremo sentido sanjuanista de negación y renuncia a lo sensible e inteligible. Por otra parte tras la visión de blancura y transparencia desmaterializadora de esta Sacristía, puede contemplarse mejor esta imagencita de suave entonación y brillos marfileños en la que también todo vibra tembloroso impulsándonos con su gesto a un mundo de anchura y libertad.

Aunque Palomino habló de esta imagen, y precisó se hallaba colocada en la sala de Capítulo de los monjes, sin embargo, tradicionalmente se venía atribuyendo a Alonso Cano; hasta que Gómez Moreno González lo rectificó en su *Guía de Granada*. Gallego y Burín y María Elena Gómez-Moreno la estimaron como de fecha muy anterior a las demás obras que Mora hizo para esta Cartuja; pero —nos atrevemos a sugerir— quizás no haya que distanciarla tanto de aquéllas en el tiempo, ya que responde también —aunque sin rasgos de amaneramiento— a un estado de exacerbación espiritual que traduce la religiosidad exaltada del artista en esos años en que —conmovido por la muerte de su esposa— cayó en un estado de soledad y recogimiento, preludio de su final de pasividad y total enajenación mental.

Lo que sí es de destacar es cuán distinto se ofrece en su concepción del otro *San Bruno* de la capilla del Sagrario, que, aunque de arrebatada espiritualidad, acciona desbordante —como todo el recinto— con gesto de efectismo teatral. También merece contrastarse con el famoso *San Bruno* de Pereira, en la Cartuja de Miraflores, la magistral versión del Santo asceta. Con su aire de maduro campesino castellano, éste más endurecido que enflaquecido por la mortificación y penitencia, se aferra con fuerza al Cristo que tiene en su mano clavando en él con la mirada, toda su alma y todo su ser. Quiere ir a Dios, pero por esa vía ascética ordinaria, tangible y concreta, por sus propias obras humanas y terrenas, con el ansia de que ese Cristo, que coge y mira en su mano, se transforme en el Dios hombre que materialmente le lleve consigo.

Mora, por el contrario, concibe al Santo como un joven demacrado y enflaquecido, por ayunos y abstinencias —su cuerpo se pierde bajo el amplio hábito— pero que arrastrado por la vía mística ha trascendido ya la noche de los sentidos y, en una suprema negación del mundo de los goces sensoriales e intelectuales, deja volar su alma por la mirada en la búsqueda directa de Dios. La pequeña figura, oscilante y temblorosa, está como en vilo, cual si estuviera sostenida sólo por ese hilo invisible de la mirada que le une al mundo supraterreno. Es ya un alma que *no vive en sí*, sino en Dios. Como decía agudamente Gallego y Burín, «a este San Bruno no le queda nada dentro. Todo se escapa, se volatiliza, se pierde en el aire. En el interior, no hay más que fuego». El ondular suave de las telas de su hábito y hasta la pierna que se desvía hacia un lado, que más que apoyar parece buscar impulso para ascender, dan la sensación de que el cuerpo no pesa sino que está pronto a *ir de vuelo*. Con deformación de intención expresiva, el artista agrandó el tamaño de los ojos, que con su brillar cristalino acentúan agudamente ese gesto de estar suspendido de la mirada, clavada en la altura. Además, reforzando ese efecto lumínico de los ojos, toda la figura —carnación y telas— queda envuelta en una suave tonalidad marfileña, levemente matizada en el rostro y manos. No hay en toda la figura la menor superficie muerta o quieta; todo vibra y ondula flameante, hasta el último pliegue. Las manos, que aproxima al pecho, no llegan a tocarlo, sino que quedan temblorosas, vibrando; la boca se entreabre, no para gritar, sino con gesto pasivo, desmayado. Sólo la mirada queda fija, como ligada a lo firme de lo eterno, de que pende la figura.

Ante esta imagencita comprendemos plenamente por qué el artista encerrado en su carmen del Albaicín —como nos cuenta Palomino— gus-

**62.** *Detalle del San Bruno, de José de Mora.* ▶

taba trabajar oculto en el silencio y soledad de la noche; y comprendemos también su apasionada religiosidad y desprendimiento de todo interés material, que terminó en completa, aunque pacífica locura. La imagen —respondiendo en su tamaño y técnica a esa estética preciosista, de sentido de diminutivo, señalada por García Lorca como típica de lo granadino— está concebida y realizada de cerca —como otras de Cano y Mena— en la más próxima intimidad, sin lucha con el material, en una visión que permite abarcarla por entero, recreándose hasta en el más pequeño pliegue, en mutua comunicación de vida y emoción religiosa. Por esto, para su pleno goce artístico y espiritual —pues lo expresivo y lo plástico están tan unidos en ella como poesía y mística, materia y espíritu, se funden en los versos de San Juan de la Cruz— requiere la próxima y reposada contemplación; y mejor aún iluminada por la oscilante luz de un velón o una candela como el escultor la veía al realizarla. Es la forma de situarnos, en lo posible, en la circunstancia material, temporal y espiritual en que Mora la creó. En esta imagen puso el escultor su alma entera —con su sentir de artista, de devoto y de granadino—; pero también logró expresar en ella lo más profundo del sentimiento místico de la Cartuja.

## BIBLIOGRAFIA

Fray Rodrigo de Valdepeñas: *Libro del principio fundación y prosecución de la Cartuxa de Granada.* (Ms. inédito.)

Francisco Bermúdez de Pedraza: *Historia Eclesiástica. Principios y progresos de la ciudad, y religión católica de Granada.* Granada, 1638.

Joseph de Vallés: *Primer Instituto de la Sagrada Religión de la cartuxa. Fundaciones de los conventos de toda España.* Madrid, 1663.

Manuel Gómez-Moreno: *Guía de Granada.* Granada, 1892.

A. Gallego y Burín: *Granada. Guía artística e histórica.* Madrid, 1961.

Antonio G. Evangelista: (Artículos) en *Cincuentenario Cartuja, 1894-1944.* Cádiz, 1945.

R. C. Taylor: *Francisco Hurtado and his School.* En *The Art Bulletin.* Marzo 1950.

A. Gallego y Burín: *El Barroco granadino.* Granada, 1956.

G. Kubler: *Arquitectura de los siglos XVII y XVIII.* En «Ars Hispaniae». Vol. XIV. Madrid, 1957.

R. C. Taylor: *La Sacristía de la Cartuja de Granada y sus autores.* En «Archivo Español de Arte», tomo XXXV. 1962.

E. Orozco Díaz: *El pintor Sánchez Cotán y el realismo español.* En «Revista Clavileño». Madrid, 1952.

E. Orozco Díaz: Pedro *Atanasio Bocanegra.* Granada, 1937.

A. Gallego y Burín: *José de Mora.* Granada, 1925.

J. Valverde Madrid: *Ensayo socio-histórico de retablistas cordobeses del siglo XVIII.* Cordoba, 1974.

D. Sánchez-Mesa: *José Risueño, escultor y pintor granadino.* (1665-1732). Granada, 1972.

E. M. Aparicio: *Palomino, su arte y su tiempo.* Valencia, 1966.

# INDICE

| | |
|---|---:|
| Significación de la Cartuja en el panorama artístico granadino | 3 |
| El lugar en que se levanta la Cartuja | 6 |
| Breve historia del origen y construcción de la Cartuja | 10 |
| El Monasterio y las pinturas del lego Fray Juan Sánchez Cotán | 19 |
| La Iglesia y su decoración. Las pinturas de Bocanegra y del baldaquino de Hurtado Izquierdo | |
| La construcción del Sagrario: Hurtado Izquierdo y sus colaboradores | 43 |
| El sagrario, realización del ideal estético del Barroco | 48 |
| La escultura y la pintura en el Sagrario: Su integración y función en el conjunto | 56 |
| La Sacristía. Posible inervención de Hurtado en su concepción inicial | 70 |
| Sobre los realizadores y momentos de la construcción de la Sacristía | 73 |
| Concepción del recinto: Elementos estructurales y sentido espacial | 76 |
| Emoción de los efectos de la luz en la Sacristía | 82 |
| Integración estética y funcional del mobiliario en la Sacristía | 88 |
| Papel de la pintura y la escultura en el conjunto de la Sacristía | 89 |
| El San Bruno, aguda expresión del alma mística cartujana | 90 |